다문화사회
십계명

다문화가족과 좋은 이웃으로
더불어 사는법

다문화사회
십계명
다문화가족과 좋은 이웃으로
더불어 사는법

Ten Rules in Multicultural Society

김 범 수 지음

리북

어느 다문화 관련 모임에서 들은 이야기입니다. 최근에 다문화와 관련하여 많은 연구보고서와 대학교재는 발간이 되었으나 일반인들이 다문화에 대해 이해하기 쉽게 읽을 만한 책이 별로 없다는 것이었습니다. 필자는 이런 이야기를 듣고 일반인들이 이해하기 쉽게 칼럼 형태로 글을 써보겠다는 생각을 하게 되었습니다.

그러나 몇 달이 지난 후, 커다란 장벽에 부딪치게 되었습니다. 사람이 살아가면서 직업을 통해 습관화된 것을 바꾸는 일이 매우 어렵다는 것을 깨달았기 때문입니다. 왜냐하면 나의 글쓰기 방식은 대학교재나 논문 작성 등으로 습관화되어 있었기 때문입니다.

이러한 한계를 극복해 나가며 우리 사회가 다문화사회로 변화하면서 필자가 직접 체험하고 느낀 일을 글로 담아내는데 최선을 다해 보았습니다. 이 글의 대부분은 필자가 지난 5년간 다문화 현장을 방문하면서 체험한 사례와 사람들을 만나면서 수집한 자료를 토대로 쓴 것입니다.

이번에 펴내는 『다문화사회 십계명』은 다문화와 관련된 스토리텔링을 알기 쉽고, 재미있게 읽을 수 있도록 구성해 보았습니다.

먼저 1장 '다문화사회란 무엇인가?'에서는 다문화사회의 이해와 우리에게 새로 생긴 이웃에 대해 다루었습니다.

2장 '다문화사회, 어떻게 열어갈 것인가?'에서는 우리의 자화상과 한국의 다문화정책과 전망, 세계 각 나라의 다문화정책을 조명했습니다.

3장 '다문화사회에서 좋은 이웃으로 사는 법'에서는 다문화사회 좋은 이웃 십계명과 다문화가족과 좋은 이웃이 되는 15가지 방법 그리고 16개의 다문화공동체를 위해 의미 있는 노력들을 담았습니다.

4장 '다문화사회, 더 생각해 볼 과제들'에서는 19개의 주제를 중심으로 더 많은 노력이 필요한 문제들과 문화적 차이를 극복하기 위해 해야 할 노력들을 점검해 보았습니다.

우리 사회는 지금 좋든 싫든 단일민족사회에서 빠르게 다문화사회로 변화해 나가고 있습니다. 이에 따라 지금 우리는 단일민족사회에서 몸에 밴 언어와 습관, 문화를 과감히 버리고 다문화사회에 맞는 언어와 습관, 문화를 익혀야 할 때가 왔습니다.

다문화사회에서 우리가 이것만은 지켜나갔으면 하는 규범에 대해 제시한 것이 3장에 나오는 '다문화사회 십계명'입니다. 단일민족사회에서 습관화된 규범을 다문화사회의 규범으로 바꾸어 나가기에는 많은 시간과 노력이 필요할 것입니다. 이러한 많은 시간과 노력을 빠르게 해결할 수 있는 대안과 실천방안을 이 책에 담았습니다.

끝으로 이 책이 발간되기까지 많은 도움을 주신 분들께 감사를 드립니다. 먼저 다문화에 대한 연구의 기반을 마련해 주신 평택대학교 조기홍 총장님께 감사의 말씀을 드립니다. 또한 이 책을 발간

6

하는데 교정과 편집 작업에 수고를 해주신 오경애, 김은재 선생님께 깊은 감사를 드립니다. 다문화 관련 영역에서 아이디어와 자료를 제공해 주시고 본문 속의 소재가 되어주신 현장의 많은 선생님들, 출판을 허락해 주신 리북 출판사의 이재호 대표님께도 감사의 말씀을 드립니다. 그리고 이 책이 나오기까지 기도로 격려해준 외동딸 나형이와 사랑하는 아내 최윤에게도 고맙다는 말을 전합니다.

2010년 9월

김 범 수

1장 다문화사회란 무엇인가?

1. 다문화사회의 이해

다문화사회란

미국이나 유럽은 다양한 민족이 사는 나라, 우리가 살고 있는 한반도는 단일민족, 배달민족만이 사는 나라라는 등식이 깨지고 있는 것이 현실이다.

2007년 8월 24일, 이날은 우리나라에 거주하는 외국인이 공식적으로 100만 명을 넘은 날이다. 현재도 이 수치는 계속 증가하고 있다. 이러한 추세 속에서 최근 3년간 우리 사회는 외국인의 급격한 증가세를 반영하는 듯 다문화사회와 다민족사회에 관한 논쟁이 뜨거웠다.

그렇다면 다문화사회에 대한 정의를 어떻게 내리면 좋을까. 다문화사회는 우리 사회에 다양한 문화를 가진 민족들이 모여 사는 사회이며 또 다문화가정 자녀(혼혈아)가 증가하는 사회라고 정의할 수 있다. 이렇게 보면 우리나라에도 다양한 문화를 가진 민족들과 다문화가정 자녀가 증가하는 사회가 되어가고 있는 셈이다. 다문화사회가 되면서 생겨난 새로운 용어인 다문화가족(多文化家族, Multicultural family)은 외국인노동자, 결혼이주여성, 탈북자로 규정된다. 이들은 어느 정도 사회적 지원이 필요한 소외계층이다.

우리나라에 외국인이 집단적으로 거주하기 시작한 때는 1945년 미군정이 실시되고, 1950년대 초 한국전쟁에 유엔군이 대거 참여하면서부터다. 당시 어린아이였던 나는 처음 본 미군(백인과 흑인)과 한국여성 사이에서 태어난 혼혈아동의 모습에 매우 큰 충격을 받았다. 지금은 다문화가족 사업을 하면서 그러한 사실을 당연히 받아들이고 있는 것을 보면 격세지감이 아닐 수 없다.

두 번째로 외국인이 우리나라에 대거 들어오기 시작한 것은 1980년대 후반과 1990년대 초반이다. 이 당시 유입된 산업현장의 외국인노동자들은 우리나라의 산업현장 중 주로 3D업종에서 일을 했다. 이후 일부는 고국으로 귀국하고 일부는 미등록이주노동자(불법체류자)로 남아 있으며 일부는 한국여성과 결혼했다.

1990년대 초에는 농촌과 중소도시 총각들과 동남아 여성들의 국제결혼이 시작되었다. 최근 5년간의 통계를 살펴보면 우리나라 전체 젊은이들의 결혼건수가 32만에서 34만 건인데 이중 10%에서 12%가 동남아 여성들과의 국제결혼이다. 그렇다면 한 가정당 최소 1명만 출산한다 하더라도 매년 3만여 명의 다문화가정 자녀가 태어나게 되는 것이다.

현재 다문화가정 자녀는 약 18만여 명에 이른다. 이들 다문화가정 자녀들은 미래에 우리 사회에 중요한 인적 자원이 될 것임에 틀림이 없다. 그러나 그간 단일민족사회, 순혈주의를 지향하며 살아왔던 한국인들은 외국인노동자와 결혼이주여성에 대한 편견을 가지고 대해 왔다.

잊지 말아야 할 것은 우리나라 역시 1960년대와 1970년대에 독일에 광부와 간호사로, 중동에는 노동자로 해외진출을 했던 때가 있었다는 사실이다.

21세기는 국경을 초월한 민족의 대이동이 이뤄지고 있는 시대다. 한국도 동남아 노동자들이나 여성, 코리안 드림을 꿈꾸며 한류문화에 접하고 싶은 젊은이들이 꾸준히 유입되고 있다. 우리나라에 이런저런 이유로 들어와 노동자나 결혼이주여성으로 거주하고 있는 사람들은 이제 외국인이 아닌 한국 사회 산업현장과 가정의 필요한 구성원이 되고 있다. 결혼이주여성이 증가하면 할수록 어머니 나라의 언어까지 구사하는 자녀들이 증가하게 된다. 이들은 장차 우리나라에 큰 사회적 자본이 될 것이다.

한국은 이미 다문화사회에 접어들었다. 다문화가족들은 우리 사회에 잠시 머무는 것이 아니라 우리 사회의 한 구성원으로 살아가는 가족이며 친척, 이웃주민이 되고 있다. 현재 우리나라에 거주하고 있는 다문화가족들은 합법 비합법을 포함하면 120만 명이 훨씬 넘는 것으로 알려지고 있다. 우리나라 전체 인구의 2%에 이르고 있으며 머지않아 5%까지 증가할 것으로 전망된다. 다문화가족들이 우리 사회의 이웃으로 함께 할 수 있도록 다양한 분야에서 서로 배려하고 관심을 갖는 것이 필요한 때이다.

〈국내의 외국인 주민 거주 현황〉

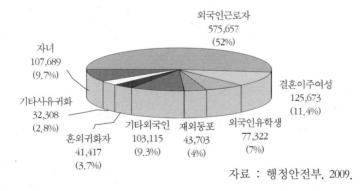

외국인근로자
575,657
(52%)

자녀
107,689
(9.7%)

기타사유귀화
32,308
(2.8%)

혼외귀화자
41,417
(3.7%)

기타외국인
103,115
(9.3%)

재외동포
43,703
(4%)

외국인유학생
77,322
(7%)

결혼이주여성
125,673
(11.4%)

자료 : 행정안전부, 2009.

다문화사회의 도입과정에 대한 논의

우리 사회가 다문화사회로 변화하는 과정에 대해 크게 세 가지 측면에서 논의가 되고 있는데 그 내용들을 살펴보면 다음과 같다.

고조선시대와 다문화사회

지구상에 분포된 민족들 가운데 유전적인 단일한 혈통으로 구성된 민족은 거의 없으며, 역사가 길면 길수록 더 찾아보기가 힘들다. 한민족의 피에는 본토인, 북방계, 남방계가 섞여 있다는 유전학적 연구와 고고학적 유물을 통한 연구결과가 그 단적인 예를 보여주고 있다(복기대, 2006:24). 한민족은 수많은 외침과 전쟁을 겪으며 다양한 민족의 피가 섞일 수밖에 없었고, 대규모의 인구 유입도 피할 수 없었기 때문이다.

이와 같이 고조선시대부터 다문화사회가 도입되었다고 보는 견해이다.

먼저, 외래인(外來人)이 우리 민족에 유입된 경우를 고고학적 유물과 문헌자료를 통해 살펴본 후 민족주의의 시발점에 대해서 검토하고자 한다.

고조선의 유물에서는 북방식 청동기와 황하유역의 세 발 달린 그릇이 발견되었는데, 이는 고조선이 건국과정에서 북방과 황하지역의 다른 혈통을 참여시켜 '홍익인간'이라는 이념으로 나라를 세웠음을 알 수 있다. 광개토대왕비에는 부여의 왕자들이 한나라의 왕세자비를 맞이하였고, 고구려 주몽은 주변 나라들을 병합하여 나라를 세웠으며, 그 후 여러 왕들은 다른 핏줄을 받아들이며 영토를 확장시켜 나갔다는 기록이 나타나 있다. 삼국유사에는 신라의 4대 왕인 석탈해에 관해서 "탈해는 본시 다파나국 출생인데,

그 나라는 왜국의 동북쪽 천리되는 곳에 있다"고 기록되어 있어 신라는 이미 남방세력과 해상교류가 있었음을 밝혀주고 있다(복기대, 2006:25). 또한 이성계는 조선을 건국하는 과정에서 북방세력인 여진족 사람 퉁두란을 참여시켰다. 이러한 역사적 자료는 이 밖에도 많이 있으며, 이는 과거 오래전부터 한민족의 핏줄에는 이미 타민족의 피가 섞여 단일한 혈통이 아님을 단적으로 밝혀주고 있다.

한편, 민족주의의 시발점에 대해서는 이렇게 기록하고 있다.

구한말 조선은 서구열강과 일제의 침입을 받으며 수많은 생존의 위협을 받았다. 그 당시 외부의 강대한 적은 내부의 동질성에 대한 자각으로 이어져 민족주의라는 상상의 공동체를 낳게 된다. 일제의 탄압 속에서 조선독립을 목표로 한 저항적 민족주의는 어렵게 생명을 유지해 오다가 해방 이후부터 역사의 전면에 등장하게 된다. 1960년대에 들어서면서 민족주의는 정치적 입장에 따라 다양한 양상을 띠게 되는데, 지배층은 정통성을 확보하기 위하여 관변적 민족주의를, 진보 세력은 외세의 배격과 자주성 확보라는 저항적 민족주의를 내세우게 된다. 그러나 양쪽 입장에서 공통적인 것은 단일민족이라는 신화이다. 한국 전쟁 이후 남한 지배층 세력은 단군신화를 절대화하면서 고조선, 삼국시대, 고려, 조선으로 이어지는 영속적인 순수혈통의 실체를 상정하게 된다(최강민, 2006:288).

민족주의는 1970~1980년대에 이르러 국가주도형 개발정책의 이데올로기 속에서 정치·사회적으로 뿌리 깊게 정착하게 되며, 1990년대 이후에는 외국인력정책에도 반영하게 된다. 이민자를 받아들이는 대신 산업연수제와 고용허가제를 통해 부족한 노동력을 대신하게 되는데 외국인노동자들은 우리 사회의 낯선 이방인으로서 차별과 배제를 받으며, 임금체불을 당하거나 사업장을 이탈하여 미등록체류자로 남게 되면서 사회적 문제를 야기하였다.

우리나라는 전 세계 184개국 가운데 아이슬란드와 함께 유일하게 단일문화를 고수하고 있는 국가로 분류되어 왔다(Kymlicka, 1995). 그러나 오늘날 물밀듯 밀려오는 세계화의 급류 속에서 단일민족 신화는 유래 없는 도전을 받고 있다. 매년 인구의 10%가 넘는 한국인들은 203개국의 국경을 넘나들며, 120만이 넘는 외국인들이 우리 이웃에 거주하는 다인종, 다문화사회가 도래하였기 때문이다. 이제, 서구사회의 경험에서 보듯이 다문화정책을 통해 이주민을 통합하지 않을 경우 심각한 사회불안이 야기될 수 있음을 주목해야 한다. 단일민족에 대한 재분석을 통해 '한 핏줄, 한 민족, 한 언어, 한 전통'을 고집하는 폐쇄주의적 단일민족 신화에서 벗어나 '차이'와 '다름'을 인정하고, 다양함에 관용을 베풀며, 정체성을 확립하여 세계화를 선도해 나가는 다문화국가가 되어야 할 것이다.

미군정시대와 다문화사회

우리나라가 다문화사회가 된 시기는 1945년 8월 15일 해방과 더불어 미군정시대로부터 다문화사회가 시작되었다는 논의이다. 우리나라가 피부색이 다른 백인, 흑인과 국제결혼이 급속하게 늘어난 시기는 1945년 해방 후 3년간 우리나라에 미군이 점령하면서 그리고 '한국 전쟁 후 미군과 한국인 여성들과의 결혼에서 찾을 수 있다'(최협 외, 2005:322). 또한 6.25를 거치면서 한미상호방위조약에 따라 미군이 계속 한반도에 주둔하게 되면서, 미군부대를 중심으로 기지촌이 형성된다. 전후의 혼란, 경제파탄, 다수의 인명살상 속에 55만여 명의 여성들은 남편을 잃고, 하루의 끼니를 걱정하는 존재로 전락하였다. 이러한 궁핍한 상황에서 일부 여성들은 가족의 생계나 자신의 생존을 위해 호구지책의 일환으로 매춘에 종사하였다(최강민, 2006:290).

그러나 그 당시의 결혼은 대부분 기지촌을 중심으로 이루어졌기 때문에 우리 사회에서 대부분이 매춘과 같은 의미로 이해되었으며, 그들에게서 태어나는 자녀들은 혼혈인으로서 차별과 배제를 당하였다. 혼혈인들은 사회의 편견과 냉대 속에서 호적에 등록되지 않았거나 뒤늦게 등록되어 학교진학이 어려웠고 학교에 진학하더라도 편견과 차별, 소외 등이 너무 심해 학교생활을 제대로 유지하지 못하였다.

사실 혼혈인은 이민족과 접촉하면서 예전부터 있었으나 일본인과 조선인의 경우, 외모적으로 별다른 차이점이 없어 큰 문제가 발생하지 않았다. 그러나 한국 여성과 미군 사이에 태어난 혼혈인은 피부색이나 생김새 등 외모적으로 구별되기 때문에 잡종으로 취급되었다. 이러한 역사적, 사회적 배경으로 이 당시 국제결혼에 대한 우리 사회의 시각은 매우 부정적이었다.

현재 국내 혼혈인은 약 3만 5천 명 정도로 추산된다. 펄벅 재단에 따르면 국내에 살고 있는 미국계 혼혈인이 5천 명 정도라고 한다.

외국인노동자, 결혼이주여성과 다문화사회

우리나라는 1988년 이후 이주노동자들이 급격히 증가하여 현재에 이르고 있으며, 외국인노동자들은 전국의 산업현장에서 한국

인이 기피하는 3D 업종을 중심으로 국내의 부족한 노동력을 공급
하는 주체로서 자리매김해 왔다. 그동안 정부가 외국인 인력정책
으로 산업연수제와 고용허가제를 적용하면서 외국인노동자들이
급격하게 증가하게 되었다.

이 밖에도 1990년대 초부터 농촌총각들이나 노동자들이 결혼상
대를 국내에서 구할 수 없어 동남아여성들과의 결혼이 급격하게
증가하게 된다. 이와 같이 외국인노동자, 결혼이주여성이 우리나
라에 들어온 시기부터 다문화사회로 도입되었다고 주장하는 설이
다.

인류의 역사는 생존과 생산을 위한 이주노동의 역사라고 해도
과언은 아니다. 5세기 이후에는 중국인과 인도인이 동남아지역으
로 진출하였으며, 이후 유럽 열강들에 의해 아시아지역이 식민지
화되면서 그 규모는 더욱 커졌다. 1960년대부터는 유럽의 노동력
부족으로 서유럽으로, 1970년대 이후에는 중동으로 대량의 노동
송출이 이루어졌다. 1980년대 중반 이후에는 아시아지역에의 직
접 투자 증가와 중국, 베트남의 개방화 정책 그리고 국가별 출입국
정책완화로 더욱 활기를 띠게 되었다. 1990년대 이후에는 본격적
인 세계화로 인해 국제무역이 활발해지고, 교통과 통신 수단의
발달로 자본과 상품과 사람이 국경의 제한 없이 넘나들게 되었다.
심지어 IBRO(세계은행), WTO(세계무역기구), MAI(다자간무역협정) 등
의 기구는 노동의 자유로운 이동을 촉구하고 있는 실정이다.

그러나 현대사회에서 부자나라 사람은 어느 나라라도 쉽게 갈
수 있지만 가난한 나라의 사람들이 부자나라로 국경을 넘는 것은
철저히 통제를 하고 있다. 강대국은 자국의 이익과 보호를 위해 노동
통제정책을 통해 외국노동인력을 조절하기 때문에 외국인노동자는

불법체류자라고 불리는 소위 미등록이주노동자(undocumented migrant)라는 불안정한 신분으로 살아가고 있다.

이 밖에도 우리나라는 남아선호사상이 뿌리박혀 있어 남자가 여자 보다 많은 성비불균형을 이루고 있다. 2012년에는 여자 100명 당 남자 124명으로 남녀성비가 높아질 것으로 전망된다. 이러한 저출산, 고령화, 남녀성비불균형도 외국의 결혼이주여성을 흡인하는 요인이 되었다고 보고 있다. 최근 농촌의 국제결혼은 농촌 결혼의 40%에 해당하는 높은 비중을 차지하고 있다. 초창기에는 조선족 여성이 주류를 이루었으나 점차 동남아로 확대되어 베트남, 필리핀, 몽골 등 다양한 국가의 여성들이 유입되고 있다. 2006년에는 전체결혼에서 국제결혼이 11.9%를 차지하였으며, 이러한 추세는 머지않아 8~9명 아동 중 한 명은 다문화가족이 된다는 증거가 된다.

그리고 저출산과 고령화 사회로 인한 노동력 부족현상도 외국인노동자와 결혼이주여성을 유입하는 요인이 되었다고 할 수 있다.

이상과 같이 우리 사회가 다문화사회로 진입된 것을 크게 세 가지 측면에서 살펴보았다. 필자는 이상의 세 가지 측면에서 사회복지학적인 입장에서 본다면 두 번째 제시한 바와 같이 1945년 8월부터 시작된 미군정시대부터 다문화현상이 시작했다고 보는 입장이다. 물론 인류학적 입장에서 본다면 고조선시대부터 다문화현상에 진입한 것으로 보는 학자도 있다. 그러나 수치적으로 보기에 너무나 미미하였을 것으로 보여진다. 이곳에서 사회복지학적인 입장에서 보려고 하는 것은 고조선시대에는 그들이 비록 외부에서 국적이 다른 사람과 혼인을 했다 할지라도 그들 사이에 태어난 자녀들은 같은 동양계로서 크게 문제시되지 않았다는 데에 있다. 때문에 자녀가 태어나도 혼혈자녀로서 차별을 받지 않았을 것으로 예측된다.

그러나 미군정시대에 한국에 방위를 위해 들어온 백인과 흑인 미군과의 국제결혼에 의해 태어난 혼혈자녀들은 피부색이 달랐기 때문에 사회적인 충격이 컸고 차별이 심했다. 따라서 다문화현상의 출발점은 미군정시대와 한국전쟁으로 이어지는 가운데 한국에 주둔하기 시작한 미군과 UN군과의 국제결혼으로 태어난 자녀들의 사회적인 지원이 필요한 시기로부터 볼 수 있다는 입장이다. 다시 말하면 우리나라의 다문화현상은 1945년 미군정시대와 한국전쟁 이후 2000년대 초까지로 볼 수 있으며, 다문화사회는 2000년대 중반부터 보는 것이 바람직하다는 생각이 든다. 특히 2006년에는 다문화가족 특히 이주여성을 위한 결혼이민자센터가 전국 24개소에 설립이 되었고, 대학에 다문화가족센터가 만들어지고 정부나 민간분야에서 다문화에 대한 관심이 높아지면서 제도화가 이루어진 시점이기 때문이다.

2. 우리에게 새로 생긴 이웃들

외국인이주노동자

외국인이주노동자(Migrant Worker)라는 단어는 국제사회의 지구촌화에 의한 현대적 개념이다. 즉 국제적인 교통편이 본격적으로 발달한 20세기 이후에 주로 경제적인 이유로 타국으로 이주하여 다른 사람에 의해 고용될 목적으로 노동하고 있는 외국인들을 가리키고 있다. 이 단어와 혼동되기 쉬운 단어가 이민노동자(Immigrant Worker)이다. 이민노동자란 단어의 의미는 이주노동자(Migrant Worker)와 다르다. 즉 이민노동자란 타국에 영주를 전제로 한 개념으로 볼 때, 일시적으로 타국에서 외국인노동자로 거주하는 이주노동자와는 개념상 차이가 있다(김해성, 2005).

지구화의 추세는 자본과 정보뿐만 아니라 사람의 이동을 촉발시키고 있으며, 국가와 민족의 경계를 넘나드는 이주노동을 더욱 증가시키고 있다(한건수, 2005:445). 이주노동은 국가와 지역 간에 일자리를 구할 기회와 임금의 격차가 있는 한 지속될 수밖에 없는 국제적인 현상이다. 시장경쟁력 강화에서 배제된 실업자는 국내에서 적당한 일거리를 찾지 못하고 결국 생존을 위한 다양한 경제적 목적으로 이주를 감행하게 된다.

우리나라는 1970년대까지 노동력을 송출해 온 전형적인 인력 송출국이었으나 1990년대 들어서면서 외국인 노동력의 수입국이 되었다. 노동력 수출국에서 완전히 노동력 수입국으로 전환한 것은 아니지만 여전히 미국과 일본 등지로 노동력을 송출하고 있으면서도 내국인들이 기피하는 저임금 산업의 부족인력을 대량으로 수입하는 양면적인 모습을 보여주고 있다.

현재 우리 사회의 전체 이주민의 수는 203개국의 110여만 명이며, 이중 외국인노동자는 〈표 1-1〉과 같이 약 57만 명(52.0%)이다. 결혼이주여성은 12만5천여 명(11.4%), 다문화가정 자녀가 10만7천여 명(9.7%), 기타 외국인 10만3천여 명(9.3%), 유학생 7만7천여 명(7.0%) 등이다.

〈표 1-1〉 우리나라 거주 외국인 현황

(단위: 명, %)

구 분	명	%
외국인근로자	575,657	52.0
결혼이주여성	125,673	11.4
외국인유학생	77,322	7.0
재외동포	43,703	4.0
혼인귀화자	41,417	3.7
자녀	107,689	9.7
기타외국인	103,115	9.3
기타사유귀화	32,308	2.9
	1,106,884	100.0

※ 자료: 행정안전부, 2009. 7.

우리나라에 외국인노동자들이 처음 들어온 것은 1987년 노동자 대투쟁 이후 국내 노동자 임금이 상승하자 중국과 동남아 노동자들이 관광 또는 단기 방문사증으로 입국하여 일을 하게 되면서다. 그러나 1991년 해외에 투자한 국내기업들이 현지에서 고용한 인력들을 국내에 유입함으로써 우리 사회에 외국인노동자들이 공식적으로 등장하게 된다. 정부의 외국 인력정책 단계별 특징은 〈표 1-2〉와 같다.

〈표 1-2〉 외국인 인력 정책의 단계별 특징

구분	1단계	2단계	3단계	4단계
시기	1988~ 1991.10	1991.11~ 2003.10	2003.11~ 2007.1	2007.1~ 현재
특징	정책 부재	산업연수제	고용허가제와 산업연수제 병행	고용허가제
내용	• 한국에 입국한 외국인이 미등록노동자로 정착하는 것을 방관	• 연수생의 저임금, 장시간 노동, 노동법 적용과 사회 복지 제도의 혜택에서 배제 • 미등록노동자 증가 • 사업장 이동 가속화	• 고용허가제 시행 • 중소기업 중앙회의 반발로 산업연수제 존속 • 미등록 노동자 감소 • 사업장 이동	• 고용허가제만 시행 • 산업연수제 시행 • 사업장 이동

※ 자료: 설동훈 외(2004)를 기본으로 재구성

1단계는 국내 외국 인력정책 부재의 시기이다. 이 시기는 국가의 체계적인 노동시장분석과 정책에 의해 외국 인력이 도입된 것이 아니라 인력이 부족한 기업들의 수요와 일자리를 찾는 외국인노동자들의 현실적 이해관계 속에서 무분별하게 유입되었다. 따라서 이들은 불법체류자가 되어 미등록노동자 신분으로 살아가야 했다.

2단계는 산업연수제 시기이다. 정부는 해외투자기업 산업기술연수생제도를 공식적으로 도입하여 국내 기업에 취업 중인 미등록노동자를 대체함으로써 불법체류자문제와 인력부족문제를 동시에 해결하려고 하였다. 그러나 산업연수생은 근로기준법상 근로자가 아닌 학생신분으로서 저임금, 장시간 노동, 노동법 적용, 산재의료보험 등 사회복지제도의 혜택에서 제외되어 인권침해 논란이 끊이지 않았다. 산업연수생들은 현지 브로커들에게 막대한 비용을 내고 입국하였으므로 미등록노동자들 보다 낮은 임금을 받고 일하려 하지 않고, 더 좋은 조건의 직장으로 옮기기 위해 연수업체를 이탈하여 불법체류노동자로 전락하는 자가 증가하였으며, 심지어 2002년에는 미등록노동자의 비율이 전체 이주노동자의 80%에 이를 정도였다(이선옥, 2007:78).

3단계는 고용허가제와 산업연수제 병행시기이다. 2003년 외국인근로자 고용 등에 관한 법률이 제정되었으나 고용허가제는 이주노동자의 노동3권 보다 내외국인 균등대우를 원칙으로 하였다. 그러나 산업연수제를 존치하고 미등록노동자를 선별적으로 합병하자는 일부 중소기업중앙회의 반발로 고용허가제와 산업연수제를 병행하였다. 그러나 여전히 사업장 이탈현상은 줄어들지 않았다.

4단계 고용허가제 시기이다. 2007년 1월부터 외국인력제도를 고용허가제로 일원화되었다. 고용허가제는 국가의 책임성을 높인 공공송출시스템 운영과 이주노동자에 대한 노동자성 보장 등 긍정적인 취지로 시행되었다. 그러나 고용허가제 역시 현지에서 이주노동을 선택하는 과정에서부터 입국 후 살아가는 노동 현장까지 많은 문제점이 드러나고 있다(박천웅, 2006:75). 입국 전 모집과정에서 홍보 부족으로 인한 사적방식의 접근, 공식 송출비용 초과, 입국 전과 입국 후 업무의 불일치, 장시간 노동, 저임금, 고강도의 노동, 열악한 노동조건, 사업장 이동제한, 인권침해 등이 지적되고 있다.

외국인노동자들의 인력을 분석한 조준모(2004)의 연구에서 이주노동자는 내국인 노동시장을 보완하고 있으며, 이주노동자의 경제활동에 의해 부가가치 생산량이 증가하고, 산업경쟁력이 강화되어 내국인 노동자가 취업할 수 있는 신규일자리를 창출하고 있다고 밝히고 있다(홍원표, 2006:44). 노동부에서 실시한 '2004년 노동력 수요조사'에서는 우리나라의 전산업에 걸쳐 약 18만 명의 인력이 부족하여 제조업과 영세산업의 인력부족이 특히 심한 것으로 조사되었다. 통계청에 따르면 저출산 고령화로 2020년 노동력 증가율을 0.91%가 감소하는 것으로 전망하고 있다. 이러한 조사결과들은 결국 국내 노동력 부족은 경제에 심각한 부정적인 영향을 미칠 것으로 보고 있다. 따라서 지난 20년간 외국노동자와의 갈등과 충돌의 틈새를 메우지 않으면 점차 커지는 균열이 심해질 것이다. 외국노동자의 노동권과 인권을 실질적으로 보장하는 법적 안전장치를 마련하여 산업현장에서 그들의 역량을 충분히 발휘할 수 있도록 지원하는 열린 마음이 필요하다.

결혼이주여성

지구촌 시대에 인구이동이 보편화되면서 최근 국내 외국인 입국자 비율이 급격히 증가하였으며 특히 남성에 비해 여성의 비율이 급상승하고 있다. 외국인 유입의 흐름을 보면 1980년대 말에는 외국인노동자들이 대량 유입되었으나 1990년대 중반부터는 외국인 결혼이주여성의 비율이 현저하게 증가하였다. 일반적으로 외국인 남성들의 이주는 노동을 중심으로 이루어지는 반면 여성의 이주는 결혼이나 성산업과 관련한 취업이 주로 이루어진다. 한편, 성매매에 대한 규제에 따라 성산업과 관련된 이주는 다소 주춤하는데 비하여 결혼을 통한 이주는 급격히 확대되면서 이른바 '남성=노동이주, 여성=결혼이주'라는 이주의 성별구분이 더욱 선명하게 드러나고 있다(김이선 외, 2006:5). 2006년 국제결혼은 39,690건으로 전체결혼의 11.9%를 차지하였으며, 이는 1990년에 한국남성과 혼인 신고한 외국인 여성수가 불과 619건이었으나 2006년에는 30,208 건으로 나타나 16년 사이에 49배가 늘어난 셈이다(통계청, 2006). 현재 한국의 인구성비를 고려한다면 2010년에는 5쌍 중 1쌍은 국제결혼이 될 것으로 전망하고 있다(박천웅, 2006).

결혼이주여성의 출신국은 중국 48.4%, 베트남 33.5%, 일본 4.9%, 필리핀 3.8%, 몽골 2% 그리고 기타의 순으로 나타났다. 그동안 1순위였던 중국은 전년도 보다 29.2% 감소한 반면, 베트남은 74% 증가하였으며, 캄보디아의 경우 전체결혼은 1.3% 수준이나 전년도 대비하여 151%가 급증가하는 현상이 나타났다(통계청, 2006). 따라서 국제결혼 초기부터 주류를 이루었던 중국 여성과 통일교의 축복결혼으로 증가하였던 필리핀 여성이 점차 감소하는 반면, 최근에는 베트남 여성이 급증함을 알 수 있다. 2006년 농림어업종사자의 경우 총 결혼 중 국제결혼은 41%로 나타났으며, 국제결혼의 56%는 베트남 여성과 결혼한 것으로 나타났다. 이러한 추세는 농어촌의 결혼 2~3건 중 1건은 결혼이주여성과의 결혼으로 점차 국제결혼이 일반화되어가고 있으며, 농어촌의 새로운 가족유형으로 자리 잡고 있음을 알 수 있다. 한편, 결혼 연령은 한국여성과 외국 남성의 경우 평균연령차가 2.4배로 남자가 높으나 한국남성과 외국여성의 경우는 남자가 평균 11.5세가 높으며, 많게는 30세

이상의 차이가 나는 경우도 적지 않다. 이러한 국제결혼이 계속 증가하는 원인으로는 세계화와 함께 저출산, 고령화사회, 인구성비불균형, 독신여성증가, 결혼시장에서 주변화된 남성 증가, 결혼정보 회사 등 브로커 난립, 국제결혼을 부추기는 사회적 분위기 등을 들 수 있다.

한편 외국 여성들은 한국 남성과의 결혼을 통해 한국국적 취득 및 경제적 지위향상 등 'korean dream'을 안고 결혼하는 경우가 많으며, 이는 세계화가 많은 국가 간의 경제적 위계를 이용하여 그 가능성이 높아지기 때문으로 보인다(김민정 외, 2006). 그러나 이국 땅에서의 결혼 생활은 결코 쉽지 않다. 언어소통의 어려움, 시부모와 가족 간의 갈등, 문화적 차이와 차별, 경제적 빈곤, 높은 스트레스, 과다한 결혼비용으로 인한 빚, 자국 송금에 대한 부담, 경제활동의 기회부재, 정보접근 및 복지서비스 제공의 어려움, 자녀양육의 어려움 및 열악한 교육환경, 자녀의 부모 무시 등으로 인한 스트레스는 매우 크다.

특히 농어촌일 경우 농사와 가사 일의 병행으로 과중한 노동부담을 안고 있다(정일선, 2006:127). 이러한 전반적인 어려움은 부부갈등 등 가정불화를 야기하기 쉬우며, 심각할 경우 가정폭력의 위험성에 노출될 가능성이 크다. 보건복지부 실태조사(2005)에 의하면 여성결혼이민자들은 언어폭력(31%), 신체폭력(26.5%), 성적학대(23.1%)와 위협(18.4%)을 경험하는 것으로 나타났다. 실제적으로 이들의 이혼율은 매우 높은데, 외국이주민이 밀집한 안산의 시화·반월공단에 인접한 원곡동의 경우 매일 14쌍이 결혼하고 7쌍이 이혼하는 것으로 조사되었다(박천응, 2006:132).

보건복지부(2005)에 의하면 여성결혼이민가구 절반이 최저생계비 이하의 빈곤가구에 해당하고 있으나 기초생활보장수급자는 13.7%에 불과하며, 국민건강보험에 가입하지 않은 상당수의 결혼이민가구도 있어 사회적 안전망에서 배제되어 있는 현실이다.

〈국제결혼과정에서 여성이 직면하는 문제〉

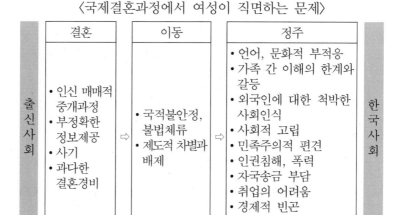

출신사회	결혼	이동	정주	한국사회
	• 인신 매매적 중개과정 • 부정확한 정보제공 • 사기 • 과다한 결혼경비	• 국적불안정, 불법체류 • 제도적 차별과 배제	• 언어, 문화적 부적응 • 가족 간 이해의 한계와 갈등 • 외국인에 대한 척박한 사회인식 • 사회적 고립 • 민족주의적 편견 • 인권침해, 폭력 • 자국송금 부담 • 취업의 어려움 • 경제적 빈곤 • 자녀교육 문제	

※ 자료: 김이선 외(2006)을 기본으로 재구성

탈북자

남한에 입국하는 탈북자의 수는 급증하여 1년에 3천 명이 넘는 등 탈북자가 곧 1만 명에 이르는 시대가 된다. 그러나 초기의 탈북은 해방 후 남북한이 대치되는 상황에서 발생하였으며 그 숫자는 시기에 따라 변화가 있었다. 해방 직후에는 약 74만 명의 난민들이 발생하였으며, 이후 6.25가 장기화되면서 북으로부터 남으로 온 약 65만 명의 '피난민'들이 발생하였다(Kwon, 1977). 이 당시 피난민들은 사회의 밑바닥에서부터 맨손으로 삶의 터전을 일구었으며, 가시적이라도 반공을 주장하지 않으면 의심과 차별을 받는 적대적인 상황에서 힘든 생활을 하였다.

한편 5.16쿠데타 직후 군사정부는 휴전선을 넘어 군사적 기밀을 가지고 오는 소수의 사람들에 대해 특별대우하며 군사적 필요성으로 1962년 '국가유공자 및 월남귀순자 특별 원호법'을 제정하였다. 이 시기에 탈북한 사람들은 '귀순용사'로 대우 받았으며, 국유기업체나 대기업에 취업할 수 있었고 주택, 교육, 결혼 등 생활영역에서 특혜와 자본주의 체제의 우월성을 내외에 알리는 홍보모델이 되기도 하였다. 당시 탈북자는 연 10명을 넘지 않는 소수였으므로 국가 행정·재정상의 무리 없이 집행될 수 있었다. 그러나 문민정부 이후 이들의 군사적, 정치적 가치가 상실되면서 탈북자의 지원은 대폭 축소되었으며, 일종의 '경제난민'으로서 '생활보호대상자' 차원의 '탈북자'라는 용어가 일상적으로 사용되기 시작하였다. 1994년 이후 탈북자의 수가 급증하였고, 새터민의 열악한 생활여건이 문제되자 김대중 정부는 IMF 경제 상황 속에서도 노동시장에 개입하여 획기적으로 확대된 지원정책을 추진하여 자립정착토대를 마련해 주었다.

노무현 정부는 입국자 규모가 급증하고 정착지원제도가 고비용, 저효율이라는 비판을 받자 정착금과 생계비 보조금을 줄여 근로의욕을 높이고 취업을 제고하는 방향의 현행 정착지원제도로 개선하였다. 새터민은 입국 후 '하나원'에서 2개월 동안 사회적응훈련을 받고, 1~2년 간 보호경찰관의 신변보호를 받으며, 1인 가족기준으로 3,590만 원 가량의 정착금과 취업알선, 직업교육, 교육지원, 특별생계보조금 등을 지원받고 있다. 통일부에서는 2004년부터 북한이탈주민을 일컫는 부정적이고 거부감을 주는 '탈북자'라는 용어 대신 '새터민'으로 바꿔 부르고 있다. 새터민은 '새로운 터전에서 삶의 희망을 갖고 사는 사람'이라는 뜻이다. 그러나 지금도 가장 일반적으로 사용되고 있는 용어는 탈북자이며, 법률적인 용어는 북한이탈주민 그리고 새터민 등의 용어가 호칭과 지칭으로 혼합 사용되고 있다.

최근 들어 새터민들의 인구학적, 사회적 특성은 다양화되어 가고 있다. 과거에는 군인출신을 포함한 유학생, 외교관 등 고위인사들이 주류를 이루었으나 최근에는 북한에서 하류층에 속했던 사람들의 비율이 계속 증가하며 무직자들도 30% 가량 달한다. 탈북경로도 다양화되고 있는데 과거에는 휴전선이나 해상을 이용하는 자가 50%였으나 1990년대 이후에는 제3국을 통한 탈북이 90%를 차지하고 있으며, 제3국의 체류기간도 점차 늘어가고 있다(이금순 외, 2003). 한편, 입국동기와 목적도 점차 변화하고 있다. 1960년~70년대에는 북한체제에 대한 불만 등 저항적인 성격이 강했으나 1980년대 이후에는 처우불만, 동반귀순, 이성 문제 등 개인적 수준이 주류를 이룬다. 1990년대 중반 이후에는 경제난과 식량난 때문에 체제수가 급격히 증가하였으며, 2000년대 이후에는 단순히 식량구입뿐만 아니라 더 나은 삶을 추구하기 위해 탈북하는 사례가 많아지고 있다. 가족구성면에서는 최근 가족동반 입국이 늘고 있다. 먼저 입국한 새터민이 국내에서 이미 사례비로 전문브로커들을 통해 500~1,000만원을 주고 가족들을 입국시키는 사례가 많아지고 있다. 가족단위의 입국이 증가하면서 여성의 비율이 특히 높아지고 있으며, 아동과 장년층의 비율도 크게 증가하고 있다. 이러한 연령구성이 다양화되면서 육아문제, 학교생활 적응문제, 노인문제 등 새로운 적응문제가 대두되고 있다.

한편 탈북자는 목숨을 걸고 국경을 넘어 자유의 땅에 도착하나 남한 생활에 적응해 나가는 과정에서 정치사상적, 경제적, 문화적,

사회적, 심리적으로 많은 어려움에 직면한다. 정치사상적인 면에서 이들은 북한 체제를 거부하고 남한 자본주의 체제에서 물질적 성공을 이루고자 하는 강한 열망과 기대를 가지고 탈북하였으므로 비교적 자유민주주의 자본주의 가치관을 인정하고 수용한다. 그러나 남한에서 사회적응을 시도하면서 남한이 북한 보다 경제적으로 풍요롭다는 것을 인정하지만 한편으로는 약육강식과 물질만능주의가 팽배한 비인간적인 사회로 인식한다.

탈북자들의 가장 심각한 문제는 경제적 적응이며 사회적응의 물적 토대가 되는 경제적 적응이 잘 이루어지지 않으면 심리적 적응도 기대하기 어렵다. 새터민들은 정규직은 극소수만 가능하고, 북한에서의 경험과 경력이 인정되지 않으며, 대부분 단순 노동직이나 단순서비스직에 종사하고 있으며, 30~40%는 아예 실업상태에 있다(북한이탈주민 후원회, 2001).

취업자 중 생산직과 서비스업에 종사하는 탈북자는 저임금, 고용불안정, 발전가능성 부재 등으로 직장에 애착을 갖지 못하고 이직하는 경우가 많다. 2003년 통일연구원 조사에 따르면 거의 절반수가 월평균 51~100만원을 받으며, 50만 원 이하도 41%나 되었다. 또한 대다수(95.4%)가 국민기초생활보장법에 따라 생계비를 지급받았거나 현재 받는 것으로 나타났다. 문화적 적응에서는 언어(어투, 어휘, 뉘앙스), 전통적인 유교적 태도, 경직된 사고방식, 집단주의 사고 등으로 남한사회 적응에 어려움을 겪고 있으며, 언어를 불편 없이 사용하는데 대략 3년 정도의 시간이 걸린다. 사회적응에서는 정보와 기회에 연결하는 사회연결망이 부재하며, 주로 정부관계자, 다른 새터민, 종교인과 관계하는 등 사회활동과 인간관계가 매우 제한되어 있다. 심리적 적응에서는 남북한 문화와 사고방식 차이, 새터민에 대한 편견 등으로 심리적 적응에 어려움을 겪고 있다. 2003년 통일연구원 조사에 따르면 남한 사람이 새터민에 편견을 갖는 이유로는 단지 북한에서 왔다는 것이 가장 큰 이유였다. 따라서 새터민들은 생명의 위협을 무릅쓰고 탈북했으나 남한사회의 편견과 차별이 심해 적응에 많은 어려움을 겪고 있는 것으로 나타났다.

외국인유학생

앞서 보았던 2009년 행정안전부의 '국내의 외국인 주민 거주 현황'에 따르면 외국인유학생은 77,322명으로 7%에 이른다. 이렇듯 외국인유학생이 급격히 늘어나고 있는 추세이나 정책적인 지원이 제대로 이루어지지 않고 있는 실정이다.

외국인유학생 가족의 경우 다문화가족의 범주에 들어가지 않기 때문에 사각지대에 놓여 있다. 특히나 자녀에 대한 의료나 교육적 지원이 이루어지지 않고 있어 어려움을 크다. 물론 일부 민간단체에서 비공식적으로 지원하고 있기는 하지만 역부족이다. 다문화가족지원센터 혹은 이주민지원센터 등을 통해 외국인유학생 가정에 대한 지원을 확대하고, 특히 자녀양육에 대한 지원은 정책적으로 지원체계를 마련해 나가야 할 것이다.

몽골유학생 오동체렝 씨의 사례는 그들이 한국에서 겪고 있는 어려움을 단적으로 보여준다.

몽골남성과 결혼해서 자녀 1명을 둔 오동체렝 씨는 몽골에서 역사서적 보존관에서 일을 하고 있었는데, 한국에서 유학생활을 하고 있던 선배 언니의 권유로 3년 전에 남편과 함께 한국에 오게 되었다. 남편은 중고차를 몽골에 파는 사업을 하고 있으며, 몽골의 경제사정이 좋지 않아서 사업이 잘되는 편은 아니라고 한다. 경제적으로 어려움이 많아 몽골에 있는 의사인 어머니의 도움을 받고 있다.

현재 오동체렝 씨는 어린이집에서 다문화강사로 활동하며 평택대 대학원에서 다문화사회복지를 전공하고 있다. 평택대에서 학비의 70%를 지원받고 있어 매우 감사하게 생각하고 있으며 평택대 대학원에서 공부한 사회복지는 몽골을 위해 아주 귀중하게 쓰여질 것이라고 했다.

오동체렝 씨(면담, 2010.05.)는 목요일만 대학원 수업이 있어서 학교에 나오는데, 이 날은 남편이 딸을 돌봐준다고 한다. 평상시에도 남편은 오동체렝 씨와 함께 가사를 분담한다. 대다수의 몽골 남성들은 가사일을 적극 돕는데, 이는 지난 반세기가 넘는 사회주의 영향으로 가정에서 남녀의 일이 따로 구분되어 있지 않기 때문이다.

오동체렝 씨는 한국에 와서 딸을 출산했는데 한국 국적이 주어지지 않았다. 그래서 한국에서 아이를 키우는 데 어려움이 많다. 특히 의료적 지원을 받을 수 없어 안타까움을 더한다.

오동체렝 씨는 처음 한국에 들어와서 유학생도 의료보험에 가입할 수 있다는 사실을 몰라서 지난 3년간 의료보험에 가입하지 않았고, 병원치료가 필요할 때는 많은 치료비를 부담해야 했다. 그런데 최근에 유학생도 의료보험가입이 된다는 것을 알게 되었으나 지난 3년간 체납된 200만원이 넘는 의료보험료를 모두 납부해야 정상 가입이 된다고 해서 포기해야만 했다.

외국인유학생은 공부를 위해 한 동안 국내에 머무는 상황이며, 또 의료보험가입에 대한 정보가 없어서 의료 혜택도 받지 못했던 상황을 고려해 가입 시점을 기준으로 의료보험 혜택을 받도록 해주는 것은 어떨까. 이런 배려가 결국은 우리나라의 이미지 향상에 큰 영향을 미칠 것이라고 생각한다.

외국인유학생들의 취업의 문을 넓혀주는 것도 반드시 필요하다고 본다. 유학생에 대한 지원이 거의 없으며, 경제적으로도 어려운 상황에서 취업까지 불가능해서 생활고 해결에 많은 어려움이 있다. 외국인유학생이 취업을 할 수 있는 제도적 장치는 있으나 그 벽이 너무 높다는 것이다. 준비서류가 많고, 취업 자격심사가 매우 엄격해 출입국사무소의 심사를 통과하기란 하늘의 별따기이기 때문이다. 결국 유학생의 취업은 거의 불가능한 실정이다.

외국인유학생에 대한 지원이 미흡한 상황에서 취업의 문턱까지 높아 그들은 이중고에 시달리고 있는 것이다. 이런 상황이라면 그들에게 우리나라는 다시는 오고 싶지 않은 나라가 될 지도 모른다. 유학생의 취업관련 절차를 간소화하여 유학생들의 취업을 보장하고 그들의 삶의 길을 열어주어야 할 것이다.

다문화사회 관련용어
국경없는 마을

국경없는 마을(The Borderless Village : TBV)은 원래 안산시 원곡동을 가리키는 말이나 현재는 이주노동자 밀집지역에서 차별문화를 극복하고 다문화공동체 형성을 목적으로 하는 용어로도 통용되고 있다. 마을의 의미는 공동체이다. '동네'라는 말은 주로 여러 집이 이웃으로 하여 살아가는 '주거의 물리적 범위'를 지칭한 반면 '마을'은 물리적 범위만을 뜻하지 않고 주로 '이웃하여 사는 사람'에 초점을 두고 있다. 최근 들어서는 직업, 종교, 취미를 공유하는 다양한 사회적 관계망 또는 커뮤니케이션 그룹까지를 포괄하는 공동체의 개념으로 마을의 의미가 사용되고 있다. 그러므로 '동네'라는 말보다는 '마을'이라는 말이 보다 공동체적이다.

국경없는 시민권

지구시민사회(Global Civil Society)의 시민권(Civil Right)으로서 국경없는 시민권(Borderless Civil Right : BCR)이란 한 사회에서 정치, 경제, 사회, 문화적 실체로서 인정받는 정착의 상태를 의미한다. 노동이 국제화된 지금의 시민권은 장기체류 이주노동자가 '체류'한다는 단순한 공간적 개념 이상의 의미를 가지고 있다.

국제결혼가정

한국인과 외국인이 결혼하여 구성된 가정이다. 1950년대 전후 미군과 한국인 여성 사이의 결혼이 주된 국제결혼의 형태였으나 최근에는 한국인 남성, 동남아 여성의 결혼이 주된 국제결혼의 형태로 자리잡고 있다.

글로컬

국제화(Glocal), 세계화를 의미하는 글로벌이라는 의미를 포함하여 보다 작은 지역단위에서 현지화를 추구하는 개념으로 사용하고 있다.

난민

난민은 인종, 종교, 국적, 특정사회집단 소속, 정치적 의견을 이유로 차별과 박해를 받아 이를 피해 외국으로 탈출한 사람을 의미

한다. 그러나 포괄적으로 보면 난민과 유사한 상황에 처해 있지만 외국으로 탈출하지 못한 국내실향민(IDPs)이나 인도적 차원에서 보호가 필요한 인도적 지위자(humanitarian status) 등을 포함한다. 현재 전 세계에는 약 1,600만 명의 난민과 약 5,100만 명의 국내 실향민들(분쟁원인: 2,600만 명/ 자연재해: 2,500만 명)이 보호를 받지 못한 채 고통을 당하고 있다.

노동의 유연화

노동의 유연화(Flexiblization) 전략은 각 나라의 노사관계와 자본의 축적 전략에 따라 달라진다. 예컨대, 적대적인 노사관계와 대량생산이 지배해온 미국에서는 외적, 양적인 노동시장의 유연성을 도입해 노조를 약화시키고 노동비용을 절감하는 전략이 구사된다. 반면, 이미 노동이 자본 측에 대해 수세적 입장에 있거나 또는 노동과정에서 노동이 유연하게 사용되고 있는 일본의 대기업과 스웨덴의 경우에는 주로 내적, 질적인 노동과정의 유연성이 추구되어졌다고 본다. 여기서 노동의 유연화 전략은 이러한 노동력의 활용전략 가운데 특히 수량적 노동시장의 유연화 전략을 의미한다. 그것은 우리나라에서는 근로자 수의 증감 또는 하청이나 외주가공 등 작업의 외부화를 통한 수량적 유연화전략이 선호되기 때문이다.

니카브

니카브(niqab)는 얼굴을 가리는 베일인데, 눈은 보이도록 한다. 그러나 니카브는 별개의 눈가리개(eye veil)와 함께 착용하기도 한다. 최근 잭 스트로 전 영국외무장관은 무슬림 여성들이 자신들의 얼굴을 가리지 않았으면 좋겠다는 발언을 했는데, 바로 니카브를 두고 한 말이다. 니카브는 머리 스카프와 함께 쓴다(김혜성, 2005).

다문화가족

다문화가족이란 서로 다른 문화권의 사람들로 이루어진 가족들을 의미하는데, 우리나라에서는 일반적으로 외국인노동자, 결혼이주여성, 탈북자를 말하고 있다. '다문화가족지원법'에서 정의하는 다문화가족은 부모 한쪽이 한국인이고 다른 한쪽이 외국인인 가정과 그 사이에서 태어난 다문화가족 자녀로 그 범위는 매우 한정되어 있다. 선진국에서는 장애인이나 외국인유학생도 다문화가족의 범주에 포함시키기도 한다.

다문화공생

다문화공생(多文化共生)은 일본에서 서로 다른 인종들이 지역사회에서 함께 살아가는 방법을 나타내는 용어이다. 일본에서도 다문화, 다문화사회라는 용어를 사용하고 있으나 우리가 사용하고 있는 다문화가족이라는 용어는 사용하지 않고 있다. 다문화사회를 연구하는 목적은 다른 인종들과 함께 살아갈 수 있는 공생(共生)의 방법을 터득해 나가는 것이라고 할 수 있다. 따라서 우리나라에서 일반적으로 사용하고 있는 다문화가족이라는 용어는 한국과 같이 친족과 가족을 중시하는 개념이며, 다른 인종과 함께 어울려 살아가야 하는 방법을 터득해 나가는 목적 개념은 아니다. 때문에 우리도 앞으로는 다문화가족들과 함께 살아갈 수 있는 다양한 다문화공생의 방법들이 많이 논의되고 개발되어야 할 것이다.

다문화국가

다문화가족인 소수민족이 온건다문화주의, 강경다문화주의, 시장다문화주의로 그 현상이 전반적으로 고르게 나타나는 나라를 말한다. 소수민족들이 자기들의 의견을 범사회적으로 제기하고 각종 사회활동이나 정치활동에 리더로 참여하여 주류 사회의 민족들과 동등한 입장에서 활동하는 단계를 말한다. 2010년도 6월 2일 지방의회선거에서 비례대표로 몽골출신 결혼이주여성 이라(33, 경기 성남) 씨가 당선됨으로써 새로운 역사를 열었다. 결혼이주여성이 지방의원에 당선된 것은 처음이다.

다문화사회

다문화사회란 우리 사회에 소수 민족(minority)이 증가하고, 다문화가족 자녀(혼혈아동)이 증가하고, 외국인유학생이 증가하고, 다문화가족으로 발생되는 사회문제를 예방하기 위해 제도가 만들어지고 서비스시설이 증가하는 사회라고 정의할 수 있다. 2000년대 중반 이후부터 우리나라도 다문화사회에 진입하였다고 볼 수 있다.

다문화청소년과 이주청소년

이주배경을 가진 청소년을 지칭하는 용어로 북한출신 청소년의 경우 새터민, 탈북청소년, 북한이탈 청소년 등이 사용되고 있다. 또한 국제결혼가정 출신 가정의 청소년은 코시안, 다문화가족(가정)청소년, 결혼이주(이민)가정 청소년, 이주근로자 가정청소년, 외국인근로자가 사용되고 있다. 이러한 용어는 명확한 합의 없이 정부의 각 부처에서 사용되고 있다(이민경, 2010).

이 중에서 청소년에 대한 용어로 가장 대표적으로 사용되고 있는 용어는 다문화청소년이다. 그런데 탈북자가정 청소년들은 다문화청소년에 대한 호칭에 강한 반감을 가지고 있다. 그래서 현재 다문화청소년에 대한 용어를 탈북자 청소년도 포함하는 이주청소년과 이주배경청소년의 사용을 논의 검토하고 있다. 필자의 생각은 이주배경청소년이라는 용어 보다는 간단하면서도 모든 것을 포함할 수 있는 이주청소년의 용어를 사용하는 것이 바람직하다고 본다.

다문화현상

다문화현상이란 다문화사회에 진입하기 전의 초기단계를 말한다. 우리나라의 경우 1950년대 전후를 기점으로 미군정시대, 6.25 전쟁으로 인해 국제결혼이 시작되면서 2000년대 중반까지를 가리켜 다문화현상이 일어난 시기라고 말할 수 있다.

등록노동자와 미등록노동자

일반적으로 우리 사회에서는 산업현장에서 일하고 있는 외국인들을 외국인노동자 또는 외국인근로자로 호칭하고 있다. 최근에는 점차적으로 외국인노동자를 외국인근로자로 호칭하거나 사용하는 경우가 많아지고 있다. 또한 일정한 기간의 계약기간이 지난 외국인근로자들을 가리켜 불법체류자라고 호칭하여 왔다. 그러나 불법체류자보다는 미등록노동자 또는 초과체류자라고 호칭하고 있는데 바람직한 호칭이라고 할 수 있다.

디아스포라

디아스포라(Diaspora)의 의미는 고국을 떠나 타국에서 살아가는 사람들을 말한다. 한국에 거주하는 이주민이 낯선 곳에 머물러 사는 사람들의 존재인식을 갖게 되는 것을 말한다. 원래 이스라엘 경계를 넘어서 이방세계에 살고 있는 유대인을 가리켰던 용어인 '디아스포라'는 팔레스타인 밖에 사는 기독교인들에게 적용됨으로써 그들의 사회적인 불안정과 소외는 물론이고 종교적인 정체성과 뿌리를 암시하도록 만들었던 개념이다(박흥순, 2007).

북한출신에 관한 용어

북한출신이주자를 가장 일반적으로 호칭하고 있는 용어는 탈북자이다. 이 밖에도 월남귀순용사, 귀순북한동포, 북한이탈주민(현재 법률용어), 새터민, 자유이주민, 북한이주민 등의 용어가 사용되어 왔다. 이러한 용어들은 탈북자의 출신 성분과 사회적 배경, 정치적 환경 등에 따라 변화를 겪어 왔다. 대부분의 탈북자는 자신들을 다문화 또는 다문화정책의 대상에 포함시키고 논의하는 것에 대해 강한 반감을 갖고 있다. 왜냐하면 탈북자의 경우 노동자나 결혼이주여성과는 다르게 문화적인 차이는 있으나 같은 민족으로 인정받기를 바라고 있다. 또한 탈북자들은 이질적인 문화를 가진 외국인들과는 출신이 다르다는 것을 강조하고 있다(윤여상, 2010).

문화적 사고

문화는 주어진 것이 아니라 창조되는 것으로 보는 견해이다. 문화적 사고(Cultural Thinking)는 문화변혁과 문화창조 등의 내용을 포괄한다.

부르카

부르카(burqa)는 인간의 전신을 가장 심하게 가리는 이슬람(무슬림)의 전통 의복을 말한다. 부르카는 얼굴과 몸 전체를 가린다. 눈 부분은 망사로 된 가리개를 착용한다(http://www.georeport.net).

사진신부(picture brides)

19세기 말부터 20세기 초까지 미국의 인종차별법에서는 백인과 유색인종의 결혼을 금지하고 있었다. 때문에 당시에 미국에 거주하고 있던 아시아인들은 고국에서 여성을 불러와 결혼을 할 수밖에 없었다. 그래서 고국에 있는 신부들과 미국의 신랑들은 서로의 사진만을 보고 배우자를 선택하던 시절이 있었다. 이 때 생긴 용어를 가리켜 사진신부라 하고 있다(김재련, 2010).

스킨헤드

스킨헤드(Skinhead)는 1960년대 후반 영국에서 있었던 노동자 계급의 하부문화(Subculture)를 가리키는 말로 사용되기 시작했다. 그들은 짧게 깎은 머리를 하거나 대머리를 해서 '머리가 짧은', '대머리'라는 뜻을 가진 스킨헤드가 이들을 지칭하는 말이 되었다. 초기 스킨헤드 하부문화는 정치, 인종 문제와는 관련이 없었다. 그러나 이후에 정치 성향과 인종에 대한 태도가 스킨헤드 일부를 구분하는 요소가 되었다. 이들은 정치에 무관심한 경우가 많지만 스킨헤드의 정치 성향은 극좌파부터 극우파까지 다양하다. 러시아의 스킨헤드는 극단적 인종차별의 성향을 보이며 2005년 고려인 출신의 러시아 가라테 챔피언인 야코브 칸을 죽이고, 우즈베키스탄인, 러시아인에 중상을 입히기도 했다. 최근 러시아에서 유학하고 있는 한국

인 언어 연수생이 스킨헤드에게 화상테러나 살인사건이 일어나면서
스킨헤드에 대한 관심이 높아졌다(www.wikipedia.org).

에스닉

에스닉(Ethnic)은 두 가지로 정의된다. 첫째는 특정 국가 내에
존재하면서 민족적 자립과 독립을 지향하고 있는 개별 인간집단
을 지칭한다. 둘째는 일반적인 인간집단 내지 인종 집단으로 번역
한다. 한편 레이스(Race)는 강한 생물학적 함의를 지녔으며 주로
종족으로 번역자적인 문화와 역사적 요소를 가진 집단으로서 특
정사회의 하위집단이나 소수자로 본다(박천웅, 2007).

외국인근로자가정

외국인근로자인 아버지와 한국인 어머니 또는 외국인 남성과
외국인 여성이 결혼하여 구성한 가정이다.

외국인유학생

학업을 위해 본국을 떠나 한국에 와서 공부하고 있는 외국학생
을 말한다. 선진제국에서는 외국인유학생도 다문화가족의 범주
에 포함시키고 있지만 우리나라에서는 외국인유학생을 다문화가
족의 범주에 포함시키고 있지 않고 있다.

우편방식신부(mail order brides)

1970년대 유럽에서 여성의 국가간 이주를 부추기는 현상으로
중매기관이 상업화되면서 그 규모가 크게 증가하기 시작하였다.
이러한 시기에 중개업체에서 우편방식(자기소개서와 사진)으로

국제결혼을 성사시키는 것을 말한다. 일부 여성학자들은 제3세계 여성들의 결혼으로 인한 이주는 경제적인 동기에 의한 위장결혼자 또는 상업화된 국제중매기관의 희생자로 국제적 인신매매 조직의 희생자로 평가하기도 하였다. 또 다른 학자들은 중남미 여성 사례들을 통해 우편방식결혼이란 단순히 빈곤층 여성만을 희생시키는 것이 아니라, 중간계층 여성들이 그들의 꿈과 희망을 이루기 위해 자발적으로 선택한 결혼으로 평가하기도 한다.

인터넷 주문신부(inter order brides)

국제결혼을 하고자 하는 사람들이 직접 만나지 않고 인터넷 사이트를 통해 상대배우자에 대한 인적사항, 관련 정보 등을 확인한 후, 원하는 배우자를 주문하는 형태를 말한다. 우리나라의 경우에도 일부 국제결혼 중개업체가 인터넷 사이트를 통해 필리핀, 베트남 여성과의 결혼을 주선하고 있다(김재련, 2010).

전쟁신부(war brides 또는 military brides)

제2차 세계대전 이후 미군이 한국과 일본 필리핀에 주둔하게 되면서 이들 미군과 결혼하여 미국으로 이주한 여성을 가리킨다. 이러한 유형의 결혼은 혼인이주로서 인종간 결혼인 국제결혼의 시작인데 이들은 경제적 또는 정치적 이주가 아닌 가족재결합을 위해 남편을 따라가는 자로 이해되었다(김재련, 2010).

지구사회시민권(Global Society Civil Right)

시민권의 개념은 집단이나 계층에 주어지는 집합적 개념이 아니라 개인에게 주어지는 것으로 시민의 지위를 부여받은 개인과 정치공동체 사이의 관계를 의미하는 것으로 보고 있다(박천웅, 2007).

코시안

코시안은 코리안(Korean)과 아시안(Asian)과의 사이에서 태어난 국제결혼 자녀, 이주아동을 주로 지칭해 사용하고 있다. 코시안의 의미는 국제결혼 2세, 이주아동, 코시안 다문화가족, 다문화가정이 모여 사는 동네, 크게 4가지로 사용된다(박천웅, 2007). 실제로 코시안에 대한 지칭은 당사자들이 매우 싫어하기 때문에 사용하지 않는 것이 좋다.

탈북자 가정

탈북자 출신의 남성과 여성 또는 탈북자 출신의 남성 또는 여성이 한국에 입국한 뒤 한국의 여성 또는 남성과 결혼해 구성된 가정이다.

혼종성

이주민의 정체성은 혼종성(Hybrid)의 개념으로 설명되어진다. 바바(Homi K. Bhabha)가 주창한 혼종성은 문화적, 언어적, 정치적 상호의존과 상호영향에 대한 주장을 통해서 우월적 사회와 열등한 사회, 지배적 국가와 피지배국가, 식민지와 피식민지 사람들에 대한 상호연관성에 초점을 두고 있는 개념이다. 즉 서로 다른 문화, 배경, 역사 그리고 경험을 가지고 있는 사람과 집단의 접촉은 서로에게 영향을 끼친다. 따라서 한국 사회 이주민의 정체성을 고찰할 때 한국 사회의 구성원과 이주민과 연관된 상호접촉 혹은 상호침투의 긍정적인 효과가 있다고 할 수 있다(박홍순, 2007).

히잡

히잡(hijab)은 아랍어로 베일(veil)이란 뜻이다. 히잡은 무슬림 여성들이 쓰는 머리 스카프를 말한다. 무슬림은 히잡을 종교와 여성성의 상징으로 간주한다. 히잡은 원래 다양한 스타일과 색상이 있다. 유럽에 살고 있는 무슬림 여성들이 가장 일반적으로 쓰는 히잡은 사각형 스카프로, 머리와 목을 가리지만 얼굴은 가리지 않는다.

구약성서에 나타난 외국인, 타국인에 관한 용어

구약성서에서 외국인 이주자의 개념으로 사용되고 있는 주요 단어를 보면 히브리어로 '게르', '토샤브', '노크리', '짜르'가 있다. 이들 단어 중 구약성서에서 가장 많이 사용되고 있는 용어는 게르이다. 게르는 장기적으로 체류하는 외국인에게 주로 사용된 단어인데 비해 토샤브는 임시로 체류하는 외국인을 지칭하는 말로 사용되었다.

게르는 자신들이 태어난 사회 경제적 상황과 관련이 없는 곳에 다양한 형태로 이주해 다른 부족이나 공동체에 이주하여 머물러 사는 외국인을 말한다. 또한 게르는 이스라엘 백성에게 정복당하여 종속적인 위치에 놓인 이주민을 말하기도 하며 이 때 가장 적절한 번역으로는 거주하는 외국인(residential alien)이다. 이 밖에도 게르는 본토에서 태어난 자들과 똑같은 사회적 지위를 가진 자들로 간주되기도 하고, 어느 정도 하나님에 대한 신앙을 소유하기도 했다. 게르는 이스라엘의 각종 규례를 지켜야 했다. 그러면서도 이방인 이주자라는 이유만으로 사회적으로 소외되기 마련이었고, 경제적으로 어려움에 빠지는 경우가 많았다. 따라서 이들은 야훼 하나님의 보호 대상이라는 것이 명시되기도 하였다(김해성, 2005). 레위기 19:33~34절에는 다음과 같이 외국인을 대할 것을 제시하고 있다. "타국인이 너희 땅에 거주하며 함께 있거든 너희는 그를 학대하지 말고 너희와 함께 있는 타국인을 너희 중에서 낳은 자같이 여기며 자기같이 사랑하라."

2장 다문화사회, 어떻게 열어갈 것인가?

1. 다문화사회, 우리의 자화상

엄마, 왜 내가 다문화야

최근에 초등학생 자녀를 둔 다문화가정 어머니의 얘기를 듣고 충격을 받은 적이 있다. 하루는 학교에서 돌아온 아이가 몹시 짜증을 내면서 "엄마, 왜 내가 다문화야? 나는 00인데, 왜 나한테 이름을 안 부르고 다문화라고 하는 거야! 아이들이 나를 이상하게 생각하잖아!"라며 계속 울고 떼를 쓰더라는 것이다. 자초지종을 들어보니 선생님이 "오늘 수업 후에 조사할 것이 있으니 다문화 애들 잠깐 남아 있어."라고 말한 것 때문이었다. 그 어머니는 아이를 다독이고 위로해야 하는데 정말 무슨 말로 위로해야 좋을지 몰라 가만히 있을 수밖에 없었다고 했다. 이런 일이 있고 나서 그 아이는 장난기가 많은 친구들로부터 가끔씩 다문화라는 호칭으로 놀림을 받았음은 두말할 필요도 없다.

위의 상황과 비슷하지만 아이에게 상처를 받지 않게 배려를 한 경우도 있다. 담임선생님이 다른 학생들과 똑같이 이름을 부르며 자연스럽게 쉬는 시간을 이용해 다문화가정 아이를 불러 관련 자료에 나와 있는 것을 상담한 사례다. 격려와 지지를 해 주면서 다른 친구들에게 왜 선생님이 그 아이를 불렀는지 눈치 채지 못하게 했다. 이 선생님의 경우 자연스럽게 상담을 하며 아이가 학교생활에 잘 적응할 수 있도록 배려를 한 것이다.

2009년 4월과 5월 두 달간 평택대학교 다문화교육관에서는 28회에 걸쳐 836명을 대상으로 다문화사회를 살아가는데 필요한 다문화인식 개선교육을 실시했다. 초등학교 학생과 교사 그리고 학부모가 교육 대상자였다.

한 학기 교육을 마치면서 다문화인식 개선교육을 담당한 강사들 사이에서는 "초등학생들에게는 다문화교육이 필요 없는 것 같고, 교사와 학부모에 대한 다문화교육이 더 필요한 것 같다."는 평가의견이 많았다. 그럼에도 불구하고 초등학교 학생들을 대상으로 한 다문화인식 개선교육이 필요하다는 의견이 지배적이었다. 왜냐하면 다문화인식 개선교육을 받은 초등학생들이 집에 가서 부모에게 전한 파장이 크더라는 것이다.

평택대학교에서 다문화교육을 학부모까지 확대하게 된 것은 다문화교육을 받고 간 초등학생이 집에 가서 "엄마, 나 오늘 다문화교육을 받았어요."라고 하면서 다문화교육관에서 경험한 내용을 부모에게 전하게 된 것이 계기가 되었다. 다문화에 대한 정보나 이해가 전혀 없던 학부모들이 자녀에게서 다문화교육에 대한 얘기를 전해 듣고는 관심을 갖게 된 것이다.

학부모들이 학교에 전화를 걸어 "대체 아이들이 받은 다문화교육이 뭐냐?"고 알고 싶다면서 교장선생님께 다문화교육을 받게 해달라는 건의를 한 것이다. 학교 측이 건의를 받아들여 학부모들을 대상으로 다문화교육을 실시하게 되었다.

초등학생들에게 다문화교육을 할 때 반드시 선생님이 인솔해 함께 참여하다보니 선생님들도 자연스럽게 다문화를 접하게 되면서 많은 관심을 갖게 되고 다문화아동에 대한 이해의 폭을 넓히는 일석이조의 효과를 거두게 되었다.

우리 사회가 다문화사회로 변화해 가는 과정에서 그동안 다문화가정의 아이들에 대해 혼혈아동, 코시안 자녀라는 용어를 사용해 왔다. 최근에는 다문화가정 자녀라는 순화된 말로 바꾸어 호칭하고 있다. 한때 일부 기관에서 코시안이라고 부르는 호칭에 대해 그들은 많은 거부감을 갖고 있었다. 지금은 다문화, 다문화가족, 다문화가정이라는 용어로 바꾸어 호칭하고 있지만 이런 용어로 자신들을 범주화하고 많은 사람들 앞에서 구분하는 것에 호감을 갖고 있지는 않다.

다문화, 다문화가정 자녀라는 용어는 편의적으로 제3자를 지칭할 때 사용할 수 있다. 그러니 교실에서 고유한 이름을 갖고 있는 학생들을 집단으로 범주화하여 "오늘 수업 후 다문화 잠깐 남아있어."라든가, "다문화학생 잠깐 이리 나오세요."라는 식으로 호칭을 사용하지 않아야 한다. 다른 아이와 다르게 구분하는 호칭으로 인해 다문화가정 자녀들이 받는 상처가 얼마나 클지 안타깝기만 하다.

다문화가족지원법이 제정되고 다문화가족, 다문화가정이라는 용어가 일반화되어서 그들을 편의상 다문화, 다문화가족으로 범주화할 수는 있다. 그러나 이러한 용어는 어디까지나 정책을 수행하고 서비스를 제공하기 위한 용어일 뿐이다.

다문화사회가 되면서 그들을 도와주고 지원해 주는 일이나 정책들이 그들에게 또 다른 상처가 되지 않도록 하는 사회적 배려가 무엇보다 중요하다고 할 것이다. 그리고 또 하나의 다문화, 다수에 의한 소수의 차별문화가 형성되지 않았으면 한다. 우리 사회가 추구하는 건강한 민주주의 이념은 다수를 위한 사회이면서 소수의 의견과 권리를 인정하고 배려하는 것이다. 다문화가정도 마찬가지다. 다문화시대 조금만 배려를 한다면 모두가 함께 더불어 살아가는 따뜻한 사회를 만들어 나갈 수 있을 거라고 본다(김범수, 2009).

다문화인식 개선교육, 왜 필요한가

다문화인식 개선교육이란 다문화사회로 변화되어 가는 시점에서 먼저 우리 자신들이 우리 사회에 거주하고 있는 결혼이주여성, 외국인노동자, 다문화가정 자녀들과 함께 서로 차별 없이 살아가는 방법을 교육하는 것을 말한다.

그렇다면 왜 다문화인식 개선교육이 필요한 것일까. 2007년 8월 유엔인종차별위원회(CERD)는 "한국이 단일민족을 강조하는 것은 한국 땅에 사는 다양한 인종들 간의 이해와 관용, 우호증진에 장애가 될 수 있다."고 우려를 표시했다. 이와 함께 "현대 한국 사회의 다인종적 성격을 인정하고 교육, 문화, 정보 등의 분야에서 적절한 조치를 취하라."고 한국 정부에 권고했다. 이는 한국 사회에서 다문화인식 개선의 필요성을 촉구하는데 뒷받침이 되었다.

이뿐 아니라 최근 신문에 보도된 다문화가정 자녀에 대한 기사 제목만 살펴보더라도 "아빠 나라 떠나는 아이들(한국말 서툴러 왕따 당하는 다문화가정 아이들)", "결혼이민자녀들 두 번 운다(이혼생활고에 엄마나라로 보내져)", "단일민족 강박관념 버리는 인식전환 필요(한국인들의 폐쇄적 시각)"라는 식의 내용이 주를 이루고 있어 다문화인식 개선이 어느 때보다 필요한 시대라는 것을 알 수 있다.

평택대는 지난 2008년 말에 다문화교육관을 개관했다. 평택대
가 다문화인식 개선교육의 필요성을 인식하고 제도화하기까지
과정을 설명하다면 2006년 7월 교육과학기술부의 수도권특성화
대학에 '다문화가족 전문인력 양성사업'이 선정된 것이 계기가 되
었다. 다문화관련 서비스 시설에서 다문화가족을 대상으로 서비
스를 담당하는 전문인력을 배출하는 이 사업을 추진하고 있던
중 삼성사회봉사단 임직원이 평택대학교 다문화가족센터를 방문
하였다.

2007년 2월 삼성사회봉사단[1]의 조찬회의에서 "앞으로 다문화
가족에 대해서 관심을 갖고 지원하지 못할 경우 10여 년 후 전자제
품을 잘 만들어 수출해 봐야 다문화가족을 위한 사회적 비용이
더 크게 들 것"이란 논의가 제기되었다고 한다. 이들은 이 회의가
있고 나서 얼마 안 되어 평택대학교 다문화가족센터를 찾아와
다문화사회에 필요한 사업이 무엇인지 연구해 줄 것을 의뢰해
왔다.

이에 따른 연구를 한 결과 급속히 다문화사회로 변화하는 시대를
살아가는 데 있어, 먼저 다문화가족 자녀들과 함께 접촉하고 생활하
게 되는 초등학교 아동과 교사를 중심으로 다문화에 대한 인식개선
교육을 하는 것이 대단히 중요하다는 결론을 얻게 되었다.

평택대는 이러한 다문화인식 개선을 위해 강의실 3개와 자료실
1개를 제공하고 삼성과 '사랑의 열매'에서는 사업자금을 지원해
다문화교육관을 설립해 운영하기에 이르렀다.

---

1) 삼성사회봉사단(당시 사장 한용외, 현 사장 이창렬)은 1994년 출범하여
   사회복지, 문화예술, 학술교육 등의 사업에 많은 지원을 하여왔다. 최근
   에는 사회복지공동모금회를 통하여 다문화가족분야에도 많은 지원을
   하고 있다. http://www.samsunglove.co.kr

앞으로 우리 사회가 다문화사회로 나아가는데 있어서 다문화가족들을 위한 다양한 정보와 서비스를 제공하는 시설 또한 필요하다. 그러나 이러한 시설서비스 보다 중요한 것은 바로 우리 내국인들의 다문화에 대한 편견과 차별의식에 대한 인식개선을 하는 일이라고 생각한다.

특히 일선에서 다문화가족들과 만나서 생활하게 되는 초등학교 학생과 교사 그리고 지역사회 주민, 같은 직장에서 근무하는 동료직원 등은 가장 먼저 다문화인식 개선교육을 받아야 하는 대상이라고 할 수 있다.

다문화인식 개선교육에 대한 많은 관심과 더불어 다양한 모델 교육안이 나와서 전국적으로 널리 보급되기를 기대해 본다.

교육과학기술부는 최근 급증하는 다문화가정 학생이 맞춤형 교육을 받고, 일반 학생과 교사 등이 다문화에 대한 인식을 개선할 수 있도록 지원을 강화하는 '2009년 다문화가정 학생 교육 지원계획'을 수립해서 이를 추진하고 있다.

다문화가정 학생 추이를 보면 2006년 9,389명, 2007년 14,654명, 2008년 20,180명으로 꾸준히 증가세에 있다. 이 방안은 학교 및 지역 단위에서 여건에 맞는 교육을 실시하고 효과를 높일 수 있도록 다문화교육 지역협의체를 구성해 운영하도록 하고, 교육대학교 등 관련기관과의 연계·협력을 강화하는 체계를 마련하는 데 중점을 두었다. 이를 통해 현장 중심의 교육 수요 발굴 및 지원이 활성화될 것으로 기대된다.

다문화가정 학생교육 지원계획의 주요 내용은 먼저, 다문화가정 학생에 대한 맞춤형 학습 및 상담 지원을 강화하는 것이다. 다문화가정 학생의 경우, 한국어가 미숙한 어머니의 양육 등으로 한국어 능력이나 기초학습이 부족하고 학교생활에 일부 어려움을 겪고 있다. 이들을 효과적으로 지원하기 위해 다문화가정 학생이 다수 재학하는 42개 학교를 거점학교로 지정해 한국어교육, 교과 학습지도, 학부모 연수, 어울림 마당 등 지역 거점의 역할을 하도록 지원하고 있다.

이러한 거점학교에는 전담교사를 지정하고 인센티브를 부여할 수 있도록 하였으며, 방과 후 활동 등을 위해 대학생, 퇴직교원 등을 보조인력으로 활용하고 다문화가족지원센터 등과 연계해 복지 전문인력, 통·번역 서비스 등을 지원받고 있다.

아울러, 교대와 교육청, 학교가 협력해 다문화가정 학생에 대한 1:1 맞춤형 멘토링을 지원하고 있기도 하다.

일반 학생들이 다문화에 대한 편견을 줄이고, '다름'에 대한 이해와 감수성을 가질 수 있도록 학교 내 다문화 이해교육을 강화하였다. 이를 위해, 학교 재량활동·특별활동에 '다문화 이해교육'을 강화하고, 다문화가정 학부모 등이 본인 출신국 언어·문화에 대한 수업 등에 강사로 참여할 수 있도록 지원하고 있다. 이러한 학교 단위의 다문화 이해교육 활성화를 위해 연구학교 15개교, 다문화교육 우수학교 58개교를 지정해 지원한다.

다문화가정 학생과 학부모의 강점을 살리기 위한 지원이 확대되었다. 그간, 다문화가정 학생에 대한 지원은 이들을 기초학습 부진학생, 소외계층으로 간주하고 접근한다는 지적과 함께, 이들이 가진 다양한 언어·문화적 배경을 강점으로 살릴 수 있는 지원에 관심을 가질 필요가 있다는 의견이 제기되어 왔다.

교육과학기술부는 다문화가정 학생이 부모 출신국에 대한 이해를 높이고 리더십을 함양해 장래에 국제적으로 활동할 수 있는 글로벌 리더를 양성할 수 있는 프로그램을 시범 실시하고 있다. 광주교대와 광주·전남교육청이 협력해 추진하는 이 프로그램은 최근 증가하는 베트남 출신 부모를 둔 학생들을 대상으로, 부모출신국 배우기, 해당 국가 학생과의 교류, 유학생 멘토링, 리더십 프로그램 등을 포함한 주말·방학 프로그램을 진행하고 있다.

한편, 이중언어가 가능한 고학력 다문화가정 학부모를 활용해 학교 현장에서 필요로 하는 교육을 보조할 수 있도록 '이중언어 교수요원 양성'을 확대 추진하고 있다. 올해 초에 서울시 교육청, 서울교대와 연계해 시작한 이 사업을 경기도까지 확대하였으며 이 과정에는 고학력 다문화가정 학부모 약 120명이 참여하였다. 우수한 학부모에게 집중교육(900시간, 26주)을 지원하고, 교육 이수 후 평가를 거쳐 역량 있는 이들은 학교에 방과 후 강사 등으로 배치해 한국어·출신국 언어 교육, 학습 지원, 상담 및 통역 등의 분야에서 활동하게 된다. 교과부는 이러한 다문화가정 학생 맞춤형 교육을 위해 2009년에 58억 원을 지원하였다.

다문화가정 학생 교육 지원을 통해, 다문화가정 학생과 학부모가 우리 사회의 건강한 구성원으로 성장하고 역량을 발휘하는 한편, 일반 학생, 교사 등의 다문화에 대한 인식도 개선되어, '배움과 이해로 함께 살아가는 다문화사회'가 앞당겨질 것으로 기대된다.

2. 한국의 다문화정책과 전망

다문화정책 어떻게 이루어지고 있나

1990년대 초부터 외국인 밀집지역인 안산지역의 NGO단체를 중심으로 제기된 다문화담론은 지방자치단체는 물론 중앙정부까지 확대되었다.

우리나라 중앙정부의 이주자 정책을 보면 국내에 외국인들이 급증한 2000년대를 기점으로 패러다임을 전환해 새로운 정책을 펼치고 있다. 이전에는 외국인정책이 없었다고 볼 수 있다. 굳이 이주민을 대상으로 하는 국가의 정책 모델에 꿰맞춰 본다면 외국인근로자들은 쓰고 내보내는 단순한 노동력으로만 보는 차별모델이며, 결혼이민자들의 경우는 우리나라 문화에 동화되기를 바라는 동화모델로 볼 수 있다. 즉 외국인정책이 차별적 모델방식과 동화모델방식의 혼합형이었다고 할 수 있다.

정부는 국무총리실 직속으로 외국인정책위원회를 구성하고 2006년 5월 26일 제1회 외국인정책위원회를 개최하면서 '외국인정책 기본 방향 및 추진체계'라는 정책안을 만들었다. 이를 통해 '외국인과 더불어 사는 열린사회 구현'을 비전으로 외국인정책의 패러다임의 전환을 시도하였다. 그리고 외국인정책 기본원칙을 세워 이를 추진해 나가고 있다.

외국인정책의 패러다임 전환

외국인 인권보장, 국가경쟁력 강화, 다문화포용과 사회통합을 기본원칙으로 정하고 이러한 정책을 뒷받침하기 위해 정부는 2007년 초 '재한 외국인 처우 기본법안'을 발의해 2007년 5월 27일 국회 본회의를 거쳐 현재 시행하고 있다. 이 법의 시행으로 체계적인 외국인정책을 수립하고 집행할 수 있는 터전을 마련하였으며, 이를 통해 정부 정책을 일관성을 갖고 효율적으로 펼쳐나가고 있다. 또한 재한외국인이 빠르게 한국 사회에 적응할 수 있도록 지원함으로써 개인은 물론이고 국가발전과 사회통합에 기여할 것으로 보고 있다.

〈표 2-1〉 다문화정책의 현재와 미래

구 분	현 재	미 래
정책기조	국익우선, 통제중심	국익과 인권보장 균형
외국인처우	일시활용대상	더불어사는 이웃
관련법령	개별법	재한 외국인처우 기본법제정
추진체계	소관부처별	총괄추진 시스템 구축
정책평가	단편적, 비체계적	정책 품질관리

한편 이 법률에 근거해 국민과 재한외국인이 화합하는 환경을 조성하기 위해 매년 5월 20일을 '세계인의 날'로 정하고, 그로부터 1주간을 '세계인 주간'으로 정하였다.

같은 해 12월에는 결혼중개업의 관리에 관한 법, 2008년 3월에는 국적법, 2008년 3월 다문화가족지원법을 제정해 다문화가족들이 우리 사회에서 일반 국민들과 함께 다양한 서비스를 받으며 살아갈 수 있는 사회적인 제도의 토대를 마련하게 되었다.

2008년 3월 제정된 다문화가족지원법에 따라 같은 해 9월 결혼이민자지원센터를 다문화가족지원센터로 명칭을 변경하였으며, 현재 전국적으로 170여 개의 다문화가족지원센터를 개설해 서비스를 제공하고 있다.

한편, 법무부에서는 2008년 5월 다문화사회 통합 주요 거점대학(ABT, Active Brain Tower)으로 전국 20개 대학을 선정해 다문화 이해증진 및 이민자 사회통합을 위한 다문화사회 전문강사 양성과 각종 이민자 지원프로그램 추진 등 다문화에 대한 국민의 이해를 높이는데 노력을 기울이고 있다.

2007년 교육과학기술부는 다문화교육센터 지침을 발표하고 2008년도부터 전국 16개 광역자치단체를 중심으로 각 대학에 다문화교육센터를 선정해 초중고의 교사를 중심으로 다문화교육을 실시하는 사업을 전개하고 있다.

평택대는 2006년 7월 교육과학기술부로부터 다문화가족전문인력양성 특성화사업대학에 선정되어 다문화관련 분야에 근무할 전문인력양성사업을 실시하면서 학생들은 물론 일반 국민들의 다문화인식 개선사업에 주력해 왔다. 이와 더불어 2008년부터 2년간 삼성의 지원으로 다문화인식 개선을 위한 다문화교육관을 개설, 운영하며 다문화인식 교육을 일반인과 학생들에게 실시하고 있다.

기업으로는 포스코 지원 한국디지털대학교가 2007년 4월부터 다문화가정 여성들이 인터넷을 통해 한글을 배울 수 있는 e-배움 사이트를 개설, 운영하고 있다. 또한 외환은행에서는 2009년부터 모범 결혼이민자 여성가족 20여명을 선발해 친정 보내주기 사업을 전개하고 있다.

이렇듯 우리나라의 정부, 지방자치단체, 기업, NGO 등에서는 미래의 다문화사회에 발생하게 될 여러 가지 사회문제를 예측하면서 다양한 사업을 전개하고 있다.

2010년 새로운 10년을 맞이해 보다 안정된 다문화사회 정착을 위한 다문화관련 지원제도에 관한 제언 다섯 가지를 중앙정부, 다문화NGO, 다문화관련기관, 대학, 지방자치단체 등에 제시하면 다음과 같다.

첫째, 다문화사업이 현재의 보건복지부에서 여성가족부로 업무가 이관되었다. 여성가족부로의 이관을 기점으로 현재의 다양한 부처에 분산되어 있는 다문화관련 업무들이 여성부를 중심으로 통합행정이 이루어져야 할 것이다.

둘째, 대통령 직속으로 조직화된 사회통합위원회에서 다문화가족과 관련된 사회통합을 위한 구체적인 대안들이 적극 모색되어야 한다.

셋째, 전국 16개 광역자치단체에 지정 운영되고 있는 다문화교육센터가 일부 대학의 전유물이 되어서는 안 된다. 다문화교육센터는 광역자치단체별로 좀 더 많은 센터를 운영해야 할 것이다.

넷째, 이주여성인권센터와 쉼터가 좀 더 증설되어야 한다. 현재 18만여 명의 결혼이주여성 중 한국 사회에 적응하지 못하고 있는 결혼이주여성들의 최소한도의 인권을 보장하고 지원할 수 있는 이주여성인권센터와 쉼터의 증설이 필요하다.

다섯째, 결혼이주여성 리더를 발굴, 대학이나 대학원 과정에서 공부할 수 있는 장학금을 지원해 그들의 문제를 스스로 해결해 나갈 수 있는 여건을 마련해 주어야 할 것이다.

전문적인 맞춤서비스로 다문화가족을 지원해야 한다

일본의 야마가타현에서는 다문화가족을 위해 공공기관과 민간단체 그리고 자원봉사자들이 주 1회 1:1을 원칙으로 다양한 장소와 방법을 동원해 언어교육을 체계적으로 지원하고 있다.

우리나라도 다문화가족을 위한 언어교육이 체계적으로 이루어져야 하며, 한국어뿐만 아니라 부모 나라의 언어도 함께 학습할 수 있도록 지원되어야 한다.

또한 어린이집이나 유치원, 초중고 정규교육을 통해 다문화가족에 대한 체계적인 교육과 다문화자녀에 대한 선생님의 각별한 관심과 지도가 이루어져야 한다. 교사들은 어린이들과 학부모들에게 다문화자녀도 한 가족이며 우리나라를 이끌어갈 주역임을 계속 교육시켜 나가야 한다.

가정에서도 다문화가족에 대한 교육이 이루어져야 한다. 그들이 우리 이웃으로 함께 동시대를 살아가고 있다는 것을 자녀에게 알려주면서 다문화자녀를 놀리고 따돌리는 일이 생기지 않도록 해야 한다.

다문화가족이 많이 거주하고 있는 각 지역에 다문화가족지원센터도 더 많이 세워져야 한다.

다문화가족들이 한국생활에 적응할 수 있도록 도와주는 한국의 문화와 풍습 등 일반생활상식에 대한 매뉴얼 또한 각 국가 언어별로 개발, 제작되어야 한다. 이러한 매뉴얼은 현재 정부차원에서 각 부처별로 부분적인 제작이 이루어지고 있으나 전국적으로 보급하기에는 턱없이 부족한 실정이며 이에 대한 많은 재정적 지원이 필요하다.

다문화가족들을 위한 전문인력 양성 역시 시급하다. 국내 110만 명의 다문화가족들을 지원할 수 있는 전문 자격을 갖춘 인력을 양성해야 한다.

그동안 우리 사회는 다문화사회의 진입속도에 비해 다문화가족을 맞이할 준비가 너무나 부족하였다. 그러나 다문화가족을 위한 제도적 기반과 국민적 의식을 전환하고, 다문화가족의 시급한 욕구를 찾아 체계적이며, 전문적인 맞춤형 서비스로 이들을 지원해 나간다면 다문화가족이 우리나라에 뿌리를 내리며 정착해 나갈 수 있을 것이다.

머지않은 미래에 다문화사회에서 상호공존을 위해 유익을 주고 받는 윈-윈(win-win)관계는 양 국가 모두에게 커다란 사회적 자본이 될 수 있을 것으로 보여진다.

누구를 위한 다문화사회인가

우리 사회는 세계화, 국제화, 글로벌이라는 구호를 외쳐 왔지만 그동안 외부 지향적인 글로벌화만을 제기해 왔다고 할 수 있다. 멈출 수 없는 가속도로 급속히 다문화사회가 되고 있는 현실을 감안할 때 우리 사회 내부의 세계화, 국제화에 대한 관심은 매우 부족하였던 것이 사실이다.

이제라도 우리 사회가 지향하는 세계화에 대한 개념을 재정립하고 다문화사회에 대한 새로운 가치창조 즉 누구를 위한 다문화사회인지, 누가 주축이 되어 지원해 나갈 것인지에 대해 신중하게 검토하고 이를 실행해 나가야 할 것이다.

먼저 누구를 위한 다문화사회인가 한번 생각을 해보자. 다문화의 초점은 자국을 떠나 국경을 넘을 수밖에 없었던 한 인간으로서의 생존과 인간의 권리에 맞추어져야 할 것이다.

이주민이 공존하기 위해서는 최소한 인간다운 삶의 지속성이 보장받을 수 있는 법적 안전장치가 필요하다. 이를 통해 그들이 사회적 약자로서 보호받을 수 있는 울타리가 만들어지게 되는 것이다. 생존 보장의 위협을 받는 극도의 박탈감과 차별은 증오와 범죄 그리고 폭력을 불러일으켜 사회적 혼란을 야기할 수도 있기 때문이다.

그렇다면 누가 주축이 되어 다문화사회를 지원해 나갈 것인가. 다문화사회는 세계화의 산물이다. 따라서 온 국민의 관심과 노력이 무엇보다 중요하다. 특히 다양한 민족이 이웃이 되어 살아가는 다문화사회를 만들어 나감에 있어 정부와 민간단체 그리고 자원봉사의 3박자가 함께 이루어져야 한다.

정부차원에서 이주민도 대한민국의 한 구성원이며 국가 이익의 주역이라는 관점에서 정책적 지원이 필요하다. 그러나 국가의 재원은 한정되어 있으므로 공공기관과 민간단체가 서로 협력하는 체제가 이루어져야 한다. 또한 자발적인 시민 자원봉사자의 활용과 더불어 다문화를 수용하는 국민적 의식전환과 노력이 요구된다.

소수자 우대 교육정책이 필요하다

매스컴이나 우리 사회에 다문화, 다문화가족, 다문화가정이라는 단어가 화두로 등장하면서 많은 사람들이 관심을 갖기 시작한 것은 2006년부터라고 할 수 있다.

물론 우리 사회가 다문화현상이 본격적으로 나타나기 시작한 시기는 이미 1990년대 초로 볼 수 있지만 2006년은 시기적으로나 통계적으로 국제결혼으로 인한 다문화가정이 폭발적으로 증가하면서 우리 사회가 다문화사회에 진입한 시기라고 할 수 있다.

당시 결혼통계를 보면, 2003년부터 매년 약 32만의 결혼 건수 중 10~12%가 국제결혼을 한다는 통계(통계청, 2006)가 나올 정도로 국제결혼가정이 폭발적으로 늘어나기 시작하였다.

또한 결혼이주여성들이 한국 사회 정착과정에서 발생한 다양한 사회 부적응 문제들이 사회전반에 대두되면서 그들에 대한 사회적 관심과 우려가 집중되었다. 이와 함께 다문화에 대한 담론과 이해가 한국 사회에 핵심으로 대두된 시기라고 할 수 있다.

국제결혼가정에서 다양한 사회 부적응 문제가 발생하자 정부와 지자체, 관련 시민사회단체들이 이들에 대한 정책 즉 다문화정책을 펼치기 시작하였다.

바로 그 시점에서 평택대는 다문화가정의 문제점을 인지하고 우리나라 대학으로는 처음으로 다문화가족 특성화사업의 일환으로 다문화가족 전문인력양성사업을 시작하면서 2006년도에 다문화가족센터를 개소하게 되었다.

또한 2006년도에 평택대의 다문화연구팀은 학부와 대학원의 개편작업연구를 통해 2007년도부터 학부와 대학원에 다문화가족복지전공과정을 개설하게 되었다.

평택대 다문화연구팀은 다문화가족 전문인력 양성사업을 진행하면서 다양한 민족으로 형성된 미국의 다문화사회에 대한 역사와 정책들을 비교 분석하는 가운데 미국 내 소수자 우대정책에 관심을 갖기 시작하였다.

1964년 민권법이 제정되면서 미국 내 소수민족인 마이너리티에 대한 차별에 대한 획기적인 대책들이 나오기 시작하였다. 이러한 마이너리티에 대한 차별문제 대책 대안 중 하나가 소수자 우대정책(Affirmative Action)이다.

이 소수자 우대정책은 1960년대 중반부터 실시되었다. 미국은 이 중 소수자에 대한 교육프로그램으로 주립대학이나 아이비리그 대학을 중심으로, 각 대학마다 차이는 있지만 입학생 중 15%에서 20% 정도를 소수민족으로 선발하는 것을 의무화하는 제도를 시행하게 된다. 이를 통해 미국 내 교육과정에서 소외된 소수자들이 정규교육을 받을 수 있는 토대를 만들었다.

바로 이러한 미국 내 소수자우대정책의 일환으로 실시한 교육프로그램에 착안해 평택대 다문화연구팀은 당시 폭발적으로 급증하는 외국인(당시 100만여 명)과 이 중 결혼이주여성이 18만여 명이 넘은 상태에서 그들 중 극소수이긴 하지만 학생들을 선발해 외국인이주자의 사회복지욕구를 수렴할 수 있는 다문화가족전문가로 양성해 보자는 결론에 도달하게 되었다.

현재 한국의 상황은 미국과 같이 소수민족이 많은 상황은 아니지만 언젠가는 다문화사회가 되면서 발생할 사회문제와 사회적 비용을 줄이기 위해서는 이에 대한 대책을 마련하는 것이 시급하다. 이러한 대비책의 하나로 국내에 거주하고 있는 능력 있는 결혼이주여성을 비롯해 소수자를 우대하는 교육과정을 각 대학에서 다양하게 운용해 나가는 것도 하나의 방법이 되지 않을까 생각한다.

결혼이주여성이 '다문화가족전문가'로 최적임자

평택대는 결혼이주여성을 위한 석사과정을 지난 2007년 2학기부터 개설해서 2009년 2학기 현재 대학원에 12명, 학부에 2명 모두 14명(1명만 미혼)의 결혼이주여성이 사회복지학을 전공하고 있다.

평택대는 현재 우리나라에 거주하고 있는 18만여 명의 결혼이주여성이 직면하고 있는 다양한 문제를 해결해 나가기 위해서 이 과정을 개설하였다. 당사자인 그들이야말로 내국인들과의 사이에서 중재를 하고 자원을 연결할 수 있는 사회복지 실천에 중간 리더로서 적임자라는 것을 직시하였기 때문이다.

현재 170여 개에 달하는 다문화가족지원센터에서 한국의 다문화가족전문가들이 한국어로 의사소통을 하며 서비스를 제공해주고 있다. 하지만 다양한 언어로 소통하는 결혼이주여성에게 그들이 정작 필요로 하며 만족할만한 서비스를 제공하는 데는 한계가 있기 마련이다.

평택대는 이러한 한계를 극복하고 그들에게 최적의 서비스를 제공할 수 있는 최적임자는 결혼이주여성이라고 보고, 결혼이주여성이 사회복지전문교육 과정을 통해 사회복지사로 활동할 수 있도록 교육을 하고 있는 것이다.

이 교육과정을 개설해서 운영하는 가운데 어려움이 없지 않았는데 맨 처음 대두된 문제가 '어떻게 결혼이주여성을 선발하느냐' 하는 것이었다. 인근의 결혼이주여성센터에 결혼이주여성교육에 대한 홍보를 하고 선발을 요청하였지만 쉽지가 않았다. 가장 큰 어려움은 결혼이주여성의 남편이나 가족의 동의를 얻는 일이었다.

그러던 중에 홍성사회복지관 신선정 센터장이 카자흐스탄에서 온 K씨를 소개해 준 것을 필두로 안성종합사회복지관에서 몽골에서 온 E씨를, 몽골 자매학교 주선으로 A씨 등이 입학을 하게 되었다.

평택대는 결혼이주여성의 입학 시 남편이나 후원자 또는 멘토가 함께 면접시험에 응해서 입학을 허가받는 것을 전제조건으로 학생을 받아들였다. 이렇게 하게 된 이유는 결혼이주여성이 공부하는데 있어 남편이나 가족의 지원과 협조가 절대적으로 필요하기 때문이었다.

2008년 입학전형 면접과정 중에 있었던 일이다. 한 결혼이주여성이 "왜 사회복지를 공부하려고 하는가?"라는 질문에 대답도 못하고 계속해서 흐느껴 울었다. 그 이유를 묻자 같은 결혼이주여성으로서 매주 2~3회 정도 경찰서에 가서 모국에서 온 결혼이주여성의 가정폭력문제를 통역하고 있을 자신을 생각하니 그 여성들의 아픔이 느껴져서 자신도 모르게 눈물이 흐르는 것을 참을 수가 없다고 말하였다.

이러한 사례에서 보듯 결혼이주여성의 문제를 사회복지교육을 받은 결혼이주여성이 직접 상담하게 된다면 필요한 자원과 문제점을 해결해 나가는데 있어 그 접근 방법부터가 본질적으로 달라질 수 있다고 본다.

결혼이주여성이 다문화가족전문가가 되어 활동을 하게 되면 정서적으로나 심리적인 측면에서도 많은 도움이 될 수 있다. 국적이 달라 한국어를 사용하더라도 한국 사회에 적응해 나가는 과정에서 겪고 있는 애로사항들이 비슷하기 때문에 쉽게 서로를 이해하게 되면서 친밀감과 공감대가 형성될 수 있다는 장점이 있다.

2009년 8월 안성의 허브마을에서 평택대에 재학하고 있는 결혼이주여성들을 위한 워크숍이 있었다. 그 때 강사로 참여하였던 오경석 박사는 강의 도중 결혼이주여성과 토론을 하고 난후, 그동안 한국거주 외국인을 많이 만나보았지만 이렇게 활기가 넘친 경우는 없었으며 이주여성들과 수준 높은 대화를 나눈 것도 처음이었다면서 그들에게 격려와 지지를 아끼지 않았다.

이처럼 결혼이주여성들이 대학원에서 사회복지 전반에 대한 학문과 실무를 익히며, 사회복지에 관한 전문지식을 바탕으로 다문화 가족복지 수준을 높이는 전문가로 성장할 수 있도록 사회적 분위기 성숙과 기회의 폭이 확대되어야 할 것이다.

결혼이주여성, 장학지원 절실하다

평택대에서 결혼이주여성을 위한 교육과정을 개설한 지 벌써 6학기에 접어들었다. 그런데 이 과정이 알려지면서 한편으로 안타까운 사례들이 늘어나고 있다. 2009년 2학기 전형에서 수원에 살고 있는 카자흐스탄 출신여성이 남편의 동의를 얻어 면접까지 끝낸 상태였으나 입학을 포기해야만 하였다.

등록금 마감 전에 갑자기 이 여성으로부터 연락이 왔다. 남편이 자영업을 하고 있는데 등록금을 먼저 낼 수 있는 형편이 안 된다는 이유였다. 평택대의 장학금 규정은 일단 본인이 입학금과 등록금을 지불하고 난 후 5주 후에 장학금을 지원하도록 되어있다. 결국 이 여성은 입학허가를 받고도 경제적인 이유와 학교규정으로 인해 소중한 기회를 잃고 말았다.

최근에는 결혼이주여성들이 평택대에서 공부하고 있는 친구들을 보면서 자신도 공부를 할 수 있는지 문의를 많이 해온다. 하지만 이들을 다 받아들일 수는 없는 게 현실이다.

현재 평택에서 결혼이주여성들을 교육하는 재원인 교육과학기술부 다문화가족 전문인력양성 특성화지원사업이 끝난(2009년 2월) 상태라서 그들을 지속적으로 지원하기가 힘들기 때문이다.

2009년도 2학기 결혼이주여성 교육지원 재원을 고심하던 중, 다행히 '2009 한국교회 부활절연합예배' 헌금에서 천만 원을 지원

받을 수 있었다. 이 재원을 통해 2009년도에는 2학기에 3명의 결혼이주여성을 입학시켜 아쉬운 대로 이주여성들에게 장학금을 지원할 수 있었다.

최근에 각 기업이나 은행 등에서 실시하고 있는 결혼이주여성을 위한 사업을 살펴보면 친정 보내주기나 지역여행 또는 1회용 이벤트성 사업이 주를 이루고 있다. 이러한 사업도 의미는 있겠으나 결혼이주여성 중 능력 있는 여성을 발굴해 대학원과정이나 학부과정에서 교육을 받을 수 있도록 지원하는 사업이야말로 장기적인 측면에서 우리 사회의 미래를 위한 투자라고 본다.

앞으로도 평택대뿐만 아니라 다른 대학이나 대학원에서도 장학금을 지원하며 지역 내 결혼이주여성들이 지역사회에서 지도자 역할을 할 수 있도록 결혼이주여성 리더육성사업이 꾸준하게 전국적으로 전개되어 나갔으면 한다.

교육은 백년지대계라고 하였듯이 결혼이주여성을 위한 전문교육과정을 통해 앞으로 다가올 다문화사회의 핵심적인 리더이자 사회통합을 위한 재원으로 그들을 활용해 나가는 것이 바람직하다고 본다.

앞으로도 한국에 와 있는 결혼이주여성들이 "교수님, 저도 공부하고 싶어요."라는 요청이 더욱 많아질 것으로 예상된다. 이와 함께 결혼이주여성들의 장학사업에 후원을 해주는 독지가들도 더욱 늘어났으면 좋겠다. 이들이 공부를 마치고 거주하고 있는 지역에 돌아가 동료 결혼이주여성들에게 각종 자원을 연계하고 상담하고 치료해주는 멘토가 되어준다면 다문화사회의 밝은 미래를 여는데 큰 힘이 될 것이기 때문이다.

한국에는 '비빔밥 문화'가 있다

미국에서 주창한 다문화이론을 보면 크게 동화주의와 문화다원주의로 나눌 수 있다. 동화이론이 다인종, 다민족의 고유성을 무시하고 백인주류사회로의 동화를 추구한다면 문화다원주의는 이를 거부하며 이민자들이 각자 고유한 언어와 문화 그리고 정체성을 유지하면서 공존하는 삶을 지향한다. 문화다원주의는 샐러드 보울(Salad Bowl) 또는 오케스트라로 일컫기도 한다. 샐러드 보울에 야채를 담아 섞으면 각각 고유한 모습을 유지하면서도 맛있는 샐러드가 되는 것처럼 다양한 인종과 다양한 민족이 그들만의 특성을 유지하면서 미국사회에 기여할 수 있다는 이론이다.

마찬가지로 오케스트라의 경우도 각 악기들이 고유의 소리를 내면서 지휘자의 지휘에 맞추어 화음을 내며 아름다운 음악을 연주한다. 이처럼 각 인종과 민족은 서로 조화를 이루는 가운데 다문화사회를 만들어 나갈 수 있다는 것이다.

그렇다면 다문화사회에 진입한 우리나라는 과연 어떻게 다양한 인종, 다양한 민족과 어울려 살아나갈 것인가. 단일민족으로 살아온 우리로서는 피부가 다르고 언어가 다른 다문화가족과 융합을 이루어나가는 것은 쉽지 않을 것이다.

하지만 우리에게는 비빔밥 문화가 있다. 이러한 문화가 있기에 서구인들보다 오히려 그들을 받아들일 수 있는 문화적인 수용성을 갖추고 있다고 할 수 있다. 어떠한 재료와 프로그램으로 맛있는 비빔밥을 만들어 낼 것인지 그것이 과제다. 이러한 프로그램을 개발하기 위해 중앙정부와 지방자치단체, 민간단체, 교육관련 기관 연구소 등이 협력해 나가야 한다. 공동의 노력을 통해 다문화가족과 공존할 수 있는 비빔밥 문화를 하루 빨리 정착시켜 나가야 할 것이다.

3. 다문화이론과 외국의 다문화정책

미국의 다문화사회 이론

다문화사회의 모델이 될 만한 나라를 찾아본다면 미국을 우선적으로 들 수 있겠다. 미국은 우리보다 앞서 시행착오를 겪으며 다민족이 공존하며 살아가는 사회를 실현해 나가기 위한 다양한 실험을 계속하고 있다. 미국은 이민에 의해 만들어진 국가이다. 18세기 말에 미국에서는 '이민에 의해 만들어진 나라'라는 논의가 시작되었다. 1782년 출판된 '미국 농부로부터 온 편지(Letterrs from an American Farmer, 1782)'에서 프랑스에서 이주한 미셸은 세계 각처에서 모여든 이민자들이 융화된 융합체로서의 미국이라는 이상상(理想像)을 제창하였다. 그러나 시대적인 제약 속에서 흑인이나 원주민(原住民) 등의 유색인종은 그 융합체의 일원으로서 인정받지 못하였다.

19세기가 되어 남동유럽으로부터의 이민이 증대되고, 신이민에 대한 배타주의를 랄프 에머슨이 비판하였다. 또한 장래의 비전으로서 미국은 유색인종을 포함한 인종의 융합체로서 미국의 이상상이 필요하다고 주장하였다.

인종의 용광로(Melting Pot)라는 단어가 처음 등장하게 된 것은,

1908년에 발표된 이스라엘 쟝윌(Israel Zangwill)의 '용광로'라는 희곡에 의해서였다. 20세기가 되어 유럽 이외의 지역으로부터도 이민이 증가되면서 국가정책으로서의 동화가 사회적인 조류가 되어가면서, 인종의 용광로(Melting Pot)론은 다양한 민족이 살아가면서 겪어야 할 미국의 이상(理想)으로서 중요한 역할을 수행하게 되었다(多文化共生キーワード사전편찬위원회, 2006).

전통적 관점의 동화이론

로버트 팍과 어니스트 버기스는 이민자들은 접촉-경쟁-화해-동화의 네 과정을 경험하면서 미 주류사회에 동화를 하며 미국사회에 정착한다는 동화이론(同化, assimilation theory)을 제시하였다.

동화이론은 1920년대 당시에는 상당히 진보적인 이론이었다고 할 수 있다. 학자들이 백인 우월주의를 과학적으로 증명하려 들고 이것이 정당화되던 20세기 초 미국사회에서 문화적인 동화를 통해 주류에 편입될 수 있다는 이론은 파격적인 주장이었다. 인종적으로 백인은 우월하며 흑인과 아시안 등의 비백인들은 열등한 인종이라는 사회적인 통념을 깨는 진보적인 이론이었다.

그러나 유럽계 이민자들은 동화를 통해 미국인, 즉 백인화가 가능하였으나, 비유럽계 이민자들은 주류사회로부터 배척받아 동화가 불가능하였다는 사실을 설명하지 못하였다. 즉 주류사회가 비백인 이민자들을 동등한 이론으로 받아들이지 않았을 때의 문제점들을 동화이론은 설명하지 못한 것이다. 비유럽계 이민자들은 이미 주류를 이루고 있는 앵글로색슨족과 문화적인 동화는 가능하였으나 육체적인 동화는 불가능해 동화할 수가 없었다는 것이다.

이러한 문제점이 비판되는 이론이지만 동화이론은 미국 사회에서 가장 잘 알려진 이론이며 이민자들이 추구해야 할 과정을 잘 제시해주고 있는 모델로 인정받고 있다. 모든 이민자들이 백인 주류사회에 동화를 하면 인종문제가 해결될 수 있다는 주장은 백인들은 물론 이민자들에게도 어느 정도 설득력을 주고 있다.

1970년대 한국에서 미국으로 이주한 한인 이민자들은 대부분 자녀들에게 미 주류사회로의 동화를 추구하는 교육을 시켰다. 한국어, 한국의 문화 그리고 한국의 역사를 가르치지 않으면서 미국인으로 살아가도록 영어 교육 그리고 미국화 교육을 추구하였다. 그러나 그들도 부분적으로 문화적인 동화는 가능하였으나 백인과 같은 주류사회에 동화해 살지는 못하고 있다.

전통적 동화이론이란 하위문화 혹은 소수집단문화에 속한 개인 및 집단은 그들이 지금까지 살아오던 생활 방식, 관습, 가치, 언어 등을 포기하고 새로운 사회의 지배문화를 채택, 습득하는 것을 말한다. 전통적 동화이론이 전제하는 것은 지배문화의 우월성이다.

이러한 동화이론도 그 당시에는 진보적 이론이었다. 학자에 따라 전통적 동화이론에는 크게 세 가지로 동화이론(assimilation theory), 용광로이론(melting pot), 문화다원주의(cultural pluralism)를 포함시키기도 한다.

용광로이론

1965년 이민법에 의해 국가별 이민자 할당제가 폐지되면서, 한 국가 당 연간 2만 명의 평등이민이라는 구조가 만들어져, 아시아, 중남미로부터 이민이 급증하게 되었다. 그리고 이 시기에 미국 전역에서 일어난 시민권 운동에 많은 소수집단(Minority Group)이 참가하게 되어 용광로(Melting Pot)이론은 쟁점의 대상이 된다.

용광로론에서 말하는 융합이라는 것은 주로 서유럽으로부터 온 백인이민자의 경우에는 어느 정도 성과가 있었지만, 특별히 유색인종 사이에서는 성공하지 못하였을 뿐만 아니라 인종차별과 고립 등을 더욱 심화시켰다는 것이 시민권 운동을 통해서 밝혀졌다. 인종이나 피부색에 관계없이 미국시민으로서 평등과 인종 간 통합을 추구하기 시작한 민권운동은 'Black Is Beautiful'이라는 슬로건에서 나타나듯이 소수집단이 스스로 자민족의 문화나 언어에 대한 자긍심을 갖고, 그것을 유지시켜 나간다는 새로운 질적인 전개 상황을 맞이하게 되었다.

이제까지의 모든 민족이 하나로 융화되는 용광로이론 대신 각각의 민족적·문화적 뿌리를 서로 존중하면서, 공존·공생하는 사회의 존재방식을 이상으로 하는 문화다원주의를 소수인종(Minority)들이 주장하게 되었다.

흑인은 이 운동에서 '아프리카계 미국인'이라는 정체성(Identity)을 내세웠고 그 외의 소수집단도 '히스페닉계 미국인', '미국 원주민', '아시아계 미국인' 등 각각의 민족적 뿌리에 의한 정체성을 확립시켜 나가는 계기가 되었다.

문화다원주의이론(샐러드 보울과 오케스트라)

문화다원주의이론은 백인 주류사회로의 동화를 추구하는 동화이론을 거부하며 이민자들이 고유 언어와 문화 그리고 정체성을 유지하면서 미국 사회에 기여할 수 있다는 모델이다. 동화이론은 다인종, 다민족의 고유성을 무시하고 무조건 백인화하라는 강제성을 갖고 있다. 따라서 백인이 아닌 소수민족의 경우 자신들의 고유한 문화, 역사 그리고 정체성을 상실해야만 백인화가 가능해진다는 강압성을 문화다원주의에서는 인정하지 않는다.

문화다원주의는 샐러드 보올(Salad Bowl) 또는 오케스트라로 표현되기도 한다. 샐러드 보올에 담긴 야채는 각각 고유의 모습을 유지하면서 섞으면 맛있는 샐러드가 되는 것과 마찬가지로 여러 인종, 여러 민족이 각자의 특성을 유지하면서 미국 사회에 기여할 수 있다는 것이다.

오케스트라의 경우도 마찬가지이다. 오케스트라를 형성하는 각 악기들은 고유의 소리를 내지만 지휘자의 지휘봉에 맞추어 화음을 이루면 아름다운 오케스트라 협연이 된다. 따라서 다인종, 다민족 사회인 미국에서 각 인종과 민족은 서로의 이익을 추구하고, 협조를 통한 조화를 이루면서 다원화 사회를 형성할 수 있다는 이론이다.

따라서 다원주의이론은 한인 이민자들이 미 주류사회로의 동화보다는 코리안 아메리칸으로서의 정체성을 유지하고 이중 언어와 이중문화권을 형성하면서 미 주류사회로의 진출을 모색하는 것이 가장 바람직하다는 것을 제시해 주고 있다.

또한 마이너리티 유색인종을 그 일부라고 하기 보다는 주요 멤버의 일원으로 하는 미국사회의 이상상(理想像)이 논의되기 시작하였다. 이러한 예로서 사용되던 단어가 일곱 가지 색깔이 각각 고운 빛을 내면서 하나의 아름다운 색깔의 조화를 이룬 무지개(rainbow)다. 1984년과 1988년에 민권운동의 흑인지도자 재시잭슨 목사가 민주당의 대통령 예비선거 출마를 계기로 많은 소수집단이 모이고, 지원단체로 무지개연대(Rainbow Coalition)가 조직되었다.

또한 다문화주의를 설명할 때에 야채의 맛을 살리면서, 오히려 그 특징인 드레싱으로 하나의 맛을 만들어내는 샐러드, 그리하여 미국의 다문화사회 샐러드 보울이라는 비유로 사용되었다. 1980년대 후반이 되면서 인종을 나타내는 요소에 더해 신체적·정신적 장애·성적 지향, 성별(Gender) 등에 관련된 소수집단 전체를 포함한 사회의 다양화를 추구하는 다양성(Diversity)의 사상이 나타났다(多文化共生キーワード사전편찬위원회, 2006).

동화이론, 용광로이론에서 문화다원주의에 이르기까지 다양한 실험을 거쳐, 21세기를 맞은 미국사회는 다인종이 공생하는 사회의 실현을 위해 지금도 사회적 실험을 계속하고 있다.

미국의 인권·민권운동과 다문화정책

민권운동이란 미국남부의 흑인에 의해 시작되었던 인종차별 철폐운동을 말한다. 나라마다 차이는 있지만 일부 국가에서는 이러한 차별에 대해서는 인권(Human Right)이라는 말을 많이 사용하고 있는데, 미국에서는 오히려 민권(Civil Right)이라는 용어를 많이 사용하고 있다. 여기에는 흑인이 사회의 정당한 구성원으로서 시민의 권리를 쟁취하였다는 생각이 집약되어 있다. 즉, 미국에 있어서 인권이라고 하는 말은 외국의 독재국가 등에 있어서 인권침해에 대응해 사용되는 경우가 많다.

민권운동에는 장기간의 차별의 역사가 배경이 되어 있다. 1896년 '분리하되 평등하게'라는 최고재판소의 판결이 그때까지의 인종분리 정책의 법적 근거가 되어 있었다. 하지만 1954년에는 그 최고재판소가 '인종분리는 공교육의 장에 있어서는 헌법위헌'이라는 판결을 내렸다. 1955년에는 흑인여성 로저 박스가 백인 전용

석을 양보하지 않았다고 해서 일어난 몽고메리 버스 보이콧 운동이 1년간의 투쟁 후 승리하였고, 마틴 루터 킹 목사가 미국 전체의 민권운동의 리더로서 등장하게 된다.

1957년에는 아칸소 주 리틀 록 시의 백인들만이 입학할 수 있는 공립고교에서 인종 격리를 철폐하고자 흑인학생의 입학식이 이루어지는 동안 인종통합 반대파로부터 학생을 지키기 위해 군대가 출동하였다. 그 후 비격리운동은 전국으로 확대되어 갔다.

1963년 워싱턴 대행진에서는 25만 명의 사람들이 인종차별 철폐를 호소하며, 킹 목사의 '내게는 꿈이 있다'는 역사적으로 유명한 연설이 있었다. 이렇듯 차별철폐를 요구하는 움직임 중에 1964년에는 민권법이 제정되고, 공공시설, 교육기관, 고용에 있어서 인종이나 피부색, 출신지 등에 의한 차별이 금지되었다.

민권운동의 전개와 발전

남부에서 일어난 민권운동은 미국의 민주주의에 일정한 신뢰를 두고, 인종통합 융합과 모든 시민의 평등을 요구하였던 비폭력운동으로서 시작되었지만, 운동이 전개되면서 말콤 X 등에 의해 대표되는 보다 급진적인(북부에서 일어난), 흑인의 자립과 자치, 나아가 사회 저변부의 변혁을 꾀하는 운동의 흐름을 태동시켰다.

전자는 미국 사회 내의 개혁, 소수자들의 권리획득이나 인종간의 평등을 꾀하는 것이 주목적이었던 데 비해, 후자는 미국 사회내의 평등을 꾀하기 보다는 인종차별을 일으키지 않는 사회구조 그 자체를 문제로 보고, 이러한 체제 내에서 흑인을 피차별자로서 규정하고, 그들 자체의 운동을 억압당하는 세계의 모든 사람들과 연대한 제3세계운동으로 규정지었다.

민권운동은 이렇게 서로 다른 사상을 내포하면서도, 아시아계, 히스패닉계, 원주민 등 여러 마이너리티 그룹에 지대한 영향을 미치면서 발전되어 간다. 원주민은 스스로의 자결권을 되찾으려는 운동을 펼치고, 멕시코인 농업노동자는 1966년에, 미국 역사상 최초로 농업노동자조합에 의한 노동협약을 체결하고, 1975년에는 캘리포니아 주에서 농업노동자의 쟁의권을 인정하는 법률을 쟁취하게 된다.

아시아계 운동도 대학에서 자기민족의 역사를 배우는 민족연구 (Ethnic Studies)학과 설립을 비롯해 영어가 모국어가 아닌 어린이들이 공립학교에서 2개 국어를 평등하게 교육을 받을 수 있는 권리를 요구하고, 전시에는 강제수용에 대한 배상 청구운동 등으로 발전되어 갔다.

다름(구별)을 인정하는 융합

많은 마이너리티 그룹이 참여함으로써 원래, 인종격리에 반대하고 시민으로서 평등과 융합을 꾀했던 민권운동은 질적인 발전을 보이게 된다. 이러한 과정을 통해 일반적인 평등론을 초월해, 각각의 민족의 뿌리와 문화에 대한 자긍심을 가지면서, 서로 구별됨의 권리를 존중하고, 그것을 기반으로 융합을 꾀하는 사상을 탄생시켰다.

용광로론의 틀 속에서 비롯된 민권운동은 많은 마이너리티 그룹의 참여로 인해서 샐러드 보울론으로 전환되어 갔다고 할 수 있다. 여러 가지 차이에도 불구하고 자유와 평등을 보장하자는 주장은 서로의 차이를 존중하고, 그 차이를 서로 배우는 일이야말로, 다민족이 함께 살아갈 수 있는 초석이라는 확신을 갖게 되고,

민권운동을 가로지르는 사상이 되어 갔다.

소수자 우대정책

미국은 차별철폐정책을 철저하게 시행해 나갔다. 1964년 민권법을 실질적으로 유효하게 하기 위해 주로 연방정부와 수주계약을 맺은 기업에 대해서 흑인 등의 마이너리티나 여성의 고용목표를 정하는 특별기준을 세웠다. 이로써 이제까지 하층에 밀려나 있던 사람들을 적극적으로 고용하도록 한 대통령 행정명령을 소수자 우대정책(Affirmative Action)이라 부른다. 결과로서의 평등을 추구한 이 정책의 배경에는, 법률제정 만으로는 진정한 변혁을 얻을 수 없음을 역사적으로 체험하고 있는 광범위한 소수인종운동의 정치적 영향력이 있었음을 명확히 하였다.

연방정부와 일정한 계약을 맺은 기업은 고용차별을 없애기 위해서는 문서에 의해 적극적인 차별시정계획을 작성해 실시해야 했다. 이러한 사항 중에는 ① 고용평등조항을 준수한다는 취지의 문서를 작성해 종업원에게 알린다. ② 인종이나 성별에 의한 고용편중이 확인되었을 경우 이를 시정하기 위한 목표와 달성기한을 정한다. ③ 승진을 위한 연수나 훈련이 있을 경우, 인종 마이너리티나 여성을 대상으로 기업 측에서 준비 제공한다. ④ 목표달성 기준치를 정해 정기적으로 확인하고 달성을 위해 노력한다.

이렇게 꽤 구체적인 내용이 담겨져 있다. 이러한 소수자 우대정책(Affirmative Action)을 위반한 기업은 회사이름을 공표하고, 나아가 사법상 제소, 연방정부로부터 수주계약 정지, 해약 등의 벌칙을 받을 가능성이 있어 바야흐로 기업주도의 '적극적'으로 차별을 시정하려는 움직임이 본격화되었다.

'역차별' 소송의 움직임

1970년대에 접어들면서 백인남성으로부터, 백인이라는 인종 그리고 남성이라는 이유로, 의과대학 입학에 차별을 받았다고 하는 이른바 '역차별' 소송이 제기되었다. 이에 대해 1978년 연방정부는 인종에만 기준을 둔 할당제도는 위법이라며 원고 앨런 백키의 주장을 어느 정도 인정하였다. 그러나 인종을 입학기준의 일부로 삼는 것은 합법이라는 판결을 내렸다.

이것은 대학입학에 관한 소송이었지만 고용 면에 있어서는 철강노조와 협약을 맺은 기업이 직업훈련생의 50%를 흑인으로 한다는 자주적인 소수자 우대정책에 대해서도 백인남성이 '역차별' 소송을 제기하였다. 1979년 최고재판소는 어느 정도 조건을 정한 상태에서 이 자주적인 소수자 우대정책을 지지하는 판결을 내렸다. 1980년에 들면서 이러한 소송은 더욱 그 수가 증가하고, 또 연방최고재판소의 보수화와 함께 소수자 우대정책에 부정적인 판결도 증가해 그 사상과 내용이 의문시되었다.

역차별을 주장하는 사람들의 주장은 소수자 우대정책이 근거로 하는 시민법은 인종이나 성별에 의한 차별을 금지하고 있지만, 인종 마이너리티 · 여성의 특별할당을 만들어 백인남성을 차별하는 것은 민권법의 근본취지와 모순된다고 하는 점이다. 이에 대해 마이너리티 측은 처음부터 역사적으로 장기간에 걸쳐 차별을 계속 받아왔기 때문에 그 출발점이 백인남성과 비교할 때 한참 뒤쪽에 처져 있고, 그 출발점을 대등한 위치까지 시정하고자 하는 구체적인 정책이 소수자 우대정책이라고 주장한다.

이 논쟁은 1980~1990년까지 계속 일어났지만, 다양한 소수인종이 거주하는 캘리포니아 주 등에 있어서도 1998년 주민투표에 의해서 주정부에 의한 소수자 우대정책의 폐지를 요구하는 제안이 근소한 차로 지지되는 사태가 일어났다.

민권운동의 최대성과라 할 수 있는 이 정책이 21세기 새로운 시대 속에서 어떠한 방향으로 나아갈 것인가. 미국의 마이너리티 운동, 차별철폐운동의 진가는 따져 보아야 할 과제라고 할 수 있다.

캐나다의 다문화정책

캐나다 다문화주의 성공요인

캐나다는 우리와는 사회적인 상황이 다르긴 하지만 다문화에 관해서는 가장 폭넓으면서도 다양한 제도와 서비스가 잘 발달되어 있는 나라라고 할 수 있다. 특히 1971년 '다문화주의법(Multiculturalism Act)'이 의회에서 합의 채택된 이래로, 다문화주의는 캐나다의 정치, 경제, 사회, 문화, 교육의 기초 정책으로 자리 잡아왔다. 다문화주의란 일반적으로 사회 모든 구성 집단이 문화 차이를 가졌다 해도 전체 사회에 평등하게 참가하는 것을 적극적으로 인정하고 이를 위해 노력하는 운동이나 정책을 말한다.

1971년까지만 해도 원주민은 박해와 동화의 대상이었으며, 중국인은 노예나 노동자처럼 생각하고, 일본인 이민자는 거주 지역을 제한하는 등 배타적인(배제적인) 이민정책이 펼쳐졌다. 이에 따라 1960년대 이후 인권운동이 제기되고 소수자 인종 문제가 대두되기 시작하였다.

이와 같이 캐나다의 배타적인(배제적인) 다문화이민정책은 국가의 수립배경과 관련되어 있다. 캐나다는 프랑스계와 영국계가 미국에 대한 반감에 기초하여 수립한 국가였으며, 이들 양대 민족 집단이 주류세력이 되면서 이중문화주의가 성립되었다. 또한 정치적으로 지방분권적 성격이 강하고 지역마다 다른 민족이 골고루 분포되어 있는 것이 특징이라 할 수 있다.

각 지역별로 같은 민족끼리는 융합이 잘되고 있는 반면 다른 민족에게는 배타적인 면이 많았다. 그러면서 지역별로 차이는 있지만 인종차별적 정책이 지속되면서 사회적인 갈등이 야기되기 시작하였다.

특히 1960년대 이후에는 산업구조가 1차산업 중심에서 제조업, 첨단산업 중심의 선진국형으로 변화되면서 전문인력에 대한 수요가 높아졌다. 이러한 전문인력 수요에 부응하기 위해 1967년부터는 이민 점수제를 도입하여 직업, 학력, 재산 등 기준의 일정 점수 이상의 이민신청자를 선별적으로 수용하였다. 그 결과 고급인력 이민이 증가하면서, 아시아계 이민의 비중이 높아졌고, 이들은 다시 아시아계를 중심으로 민족공동체가 형성되면서 정치적인 영향력을 발휘하게 되었다.

이처럼 정치, 경제적인 여건이 변화하자 캐나다는 1971년 '다문화주의법'을 제정하여 다양한 차원에서 정책 실현을 위해 노력하고 있다. 뿐만 아니라 1982년에는 헌법(Chapter of Rights and Freedom)에 "모든 개인은 법 안에 평등하며, 피부색, 인종, 국적, 종족, 종교의 차별을 받지 않고, 보호와 혜택을 공평하게 받을 권리가 있다."는 점을 명시하고(제15조), 아울러 캐나다의 다문화적 전통을 꾸준히 향상하고 보존할 것(제27조)을 천명하였다. 문화적 다양성에 기초한 각 민족 집단의 정체성 보존과 상호 이해와 인정을 통해 보다 높은 수준의 사회통합, 사회발전을 위해 노력하고 있는 것이다.

이상과 같이 캐나다의 다문화주의 정책은 1971년을 전후로 발전되어 온 것을 알 수 있다. 소수민족에 대한 배타적인 면과 갈등, 미국민에 대한 반감 등을 효율적으로 극복해 나가게 된 전환점이 된 것이 다문화주의법을 제정한 이후라 할 수 있다. 다문화와 관련된 모든 사회적 갈등을 해소하기 위해 각 나라마다 제도를 만들고 사업을 전개하고 있지만 캐나다는 사회적인 환경 자체를 잘 활용한 것으로 알려지고 있다. 지배 인종이 존재하지 않는 균형 있는 인종분포라든지, 각 집단의 전통과 독특성을 잘 유지하면서 지역별로, 소수민족별로 공동체를 잘 형성하고, 유지하고 있기 때문이라고 할 수 있다.

지배집단이 없는 캐나다의 '다문화주의'

캐나다의 다문화주의 제도는 서로 다른 문화적 성향을 가진 각 집단이 한편으로는 각 집단의 문화적 독특성을 유지할 수 있도록 하면서, 다른 한편으로는 서로 다른 집단들이 평등한 위치에서 서로를 인정하고 또한 하나의 국가 또는 사회로서 공동체성을 유지할 수 있게 해 준다는 점에서 매우 탁월하다고 할 수 있다.

이런 제도 하에서는 한 집단이 다른 집단의 문화에 일방적으로 동화되어야 하는 상황에서 발생할 수 있는 문화적 정체성의 혼란이나 문화적 이질감, 심리적 무력감을 최소화할 수 있다는 점에서 여러 가지 장점을 가진다. 그러나 이런 다문화주의가 성립될 수 있었던 것은 캐나다의 독특한 역사적, 사회적 요인들이 작용하고 있기 때문이다.

첫째, 캐나다의 민족별 인종 구성 자체가 지배집단이 없이 나누어져 있다. 1996년도 캐나다의 민족 구성은 더 이상 영국계 혹은 프랑스계로 대표된다고 할 수 없을 만큼 복잡해지고 있다. 캐나다의 인구구성을 보면, 캐나다 토착원주민 인구가 전체의 17%, 피가 섞이지 않은 순수한 프랑스계 출신 즉 부모 양쪽 모두가 프랑스계 인 인구가 10%, 영국계가 17%, 이외의 가능한 세 가지 조합에 의해 태어난 사람들은 12%이다. 순수 프랑스계와 순수 영국계 혹은 프랑스인의 피와 영국인의 피가 섞인 사람들은 전체의 30~37% 밖에 되지 않는 상황이다. 다시 말해 전체 인구 중 30%를 넘는 민족 집단이 없으며, 지배적 다수를 점할 만한 민족 집단이 없음을 의미한다.

둘째, 각 인종들이 각자의 독특성을 유지할 수 있도록 지역공동체가 형성되었다는 점도 다문화주의의 발전에 기여하였다. 물론 모든 주가 그렇지는 않지만, 뉴펀들랜드 주(영국계, 88.3%), 프린스 에드워드 아일랜드 주(영국계, 65.6%), 노바스코티아 주(영국계, 58.2%), 퀘벡 주(프랑스계, 74.6%) 등의 주들은 상대적으로 분명한 인종적 동질성을 유지하고 있다(이창언, 1998:566-567). 또한 70년대 이후 아시아로부터 유입된 고급인력 중심의 이민자들 역시 기존의 이민자와 마찬가지로 같은 민족이 많은 지역에 자연스레 모이게 되었다. 이렇게 동일 인종들이 집단을 형성하게 되자, 이 지역공동체는 모국의 문화를 그대로 옮겨 온 자발적 문화공동체로 번성하였고, 이런 상황이 다문화주의 정책으로 귀결되었다(유정석, 2003:22).

셋째, 캐나다는 기본적으로 이민 국가이기 때문에 다양성에 대한 존중이 사회적인 관습으로 자리를 잡고 있다는 점이다(이근호, 2006). 캐나다 사람들은 다름을 인정하지 않으면 곧 차별이라고 생각한다. 이들은 외모를 보고 그 사람을 묘사하는 말을 하는 것을 대단히 조심한다. 특히 피부색에 대한 표현은 사려깊게 생각하고 말하며 잘못된 표현은 심한 모욕으로 생각한다. 다른 것은 다른 것대로 존중하고 인정하며 포용되어야 한다는 생각이 사회구성원들 사이에 이미 깊이 자리를 잡고 있다.

따라서 캐나다 다문화주의의 특징은 첫째, 다문화주의와 관련하여 중앙정부와 지방자치단체, 정부와 시민단체들이 제공하는 각종의 제도가 아주 발달되어 있다는 점이다. 정부는 정부대로 국가적인 차원에서 다문화에 대한 수용성을 높이면서 동시에 다양성을 보호하기 위하여 헌법을 개정하고 법을 제정하며 정부기관을 설립하고 연구기관을 설립하는 등의 노력을 하고 있다.

둘째, 지방자치단체는 자치단체대로 지역사회에서 다문화간의 조화를 위한 정책들을 다양하게 추진하고 있으며, 민간단체들 역시 다양한 노력을 펼치고 있다. 따라서 캐나다로 이주하는 사람들은 많은 부분에서 자신이 이미 가지고 있는 문화적 특성을 그대로 유지하면서 기존의 캐나다 사회에 합류할 수 있기 때문에 무리한 문화적인 동화나 사회적인 통합을 요구할 때 발생할 수 있는 문화적 충격이나 심리적인 혼란과 갈등이 상대적으로 덜할 것으로 예상된다.

셋째, 다문화와 관련된 수용성을 높일 수 있는 교육을 실시하고 있으며, 문화수용적인 생각과 행동을 습관화하도록 유도하고 있다는 점에서 캐나다의 다문화주의 정책들은 매우 포괄적이며 실효성 또한 높을 것으로 예상된다. 이처럼 각 집단의 다양성을 인정하면서도 서로가 조화를 이루고 공존할 수 있다면 각 집단이 가지고 있는 다양성 자체가 사회적으로는 장점으로 작용할 수 있기 때문에 상호적인 상승작용 즉 문화적인 시너지 효과를 거둘 수 있다고 생각된다.

넷째, 시민단체들이 매우 다양한 이주민 지원 서비스를 개발하여 제공하고 있다. 시민단체들은 정부나 자치단체보다는 오히려 주민들에게 친근하게 접근할 수 있고, 주민들의 자발적인 참여를 통하여 서비스를 제공할 수 있기 때문에 이주민들의 요구나 필요에 대해 효과적이고 능동적인 방법으로 서비스를 제공하고 있다 (김용찬, 2007).

이 밖에도 정부나 지방자치단체에 비해 지역의 각종 종교단체, 자선단체나 시민단체는 지역의 다문화가족들에게 훨씬 가까이 있을 뿐 아니라 쉽게 다가갈 수 있는 장점이 있다. 따라서 각 지역의 자생적인 단체들이 좀 더 적극적으로 다문화가족들을 위한 서비스에 참여할 수 있도록 이끌 수 있는 노력이 필요하다.

한국인 광부와 간호사를 받아들인 독일의 다문화정책

프랑스나 영국을 방문한 후에 독일을 방문하게 되면 그래도 독일은 소수민족이 다른 나라에 비해 적은 것을 느낄 수 있다. 그러나 독일도 이미 소수민족인 다문화가족 등에 대해 관심을 갖기 시작한 것이 1960년대 초라고 할 수 있으니 우리나라에 비교하면 매우 빠르게 다문화사회에 진입했음을 알 수 있다.

지난 1월, 다문화사회인 독일을 체험하고자 여행길에 올랐다. 독일 땅을 밟았을 때 1960년 한인광부와 간호사의 독일고용을 위한 정부간 협정이 체결되어 한인 노동자의 독일이주가 최초로 시작된 역사적인 사건이 떠올랐다. 1960년대 광부로, 간호사로 한국에 있는 가족들의 경제를 위해 우리의 형님과 누이들이 외국의 노동자로 처음 진출한 나라가 독일인 것이다.

한국인 노동자를 최초로 받아들인 나라인 독일을 방문하면서 다문화가족을 연구하는 학자로서 느낀 감회는 매우 컸다. 한국은 1960~70년대에는 독일로, 1980년대에는 중동으로 외화벌이를 위해 노동자들을 파견하는 나라였다.

그런데 해외로 노동인력을 파견한 지 40여 년 만에 동남아의 노동자들과 결혼이주여성을 받아들이는 나라가 된 것이다. 또한 이들을 위해 제도를 만들며 사회통합을 위해 고민하는 나라가 되었다. 이곳 독일에 와서 불현듯 오랫동안 잊고 있었던 후배가 떠올랐다. 내가 다니던 교회의 후배였는데 1970년대 독일에 간호사로 파견이 되었다. 그 당시 나는 군대에 있었는데 제대할 때까지 이 후배와 편지를 주고받았다. 그 시절을 돌아보며 가슴이 먹먹하기도 하고 한편으로는 후배에게 죄책감이 들기도 한다. 낯선 이국 땅에서 얼마나 외로웠으면 일주일에 한 번씩 편지를 보내왔을까. 그저 군 생활에 바쁘다는 핑계로 또 그보다는 더 이념과 생각이 맞는 상대를 찾기 위해 미지의 세계를 향해 질주하면서 그 후배에게 관심과 위로를 제대로 전하지 못한 것이 못내 아쉬움으로 남는다.

그 당시 우리나라에서 독일로 진출한 광부나 간호사들이 이곳 독일에 와서 겪었을 수모와 고통을 생각하니 가슴이 저려왔다. 그 후배 역시 그러한 아픔을 견뎌내며 이 땅에서 삶의 뿌리를 내리기 위해 무던히도 애를 태웠을 것이다.

독일의 외국인노동자정책은 독일정부와 송출국 정부 사이의 노동자고용에 관한 협약에 의해 시작되었다. 유럽국가로는 1950년대 이탈리아, 1960년대 그리스, 포르투갈, 스페인 등이 독일정부와 노동자송출에 관한 협약을 맺었으며, 아시아 국가로는 최초로 일본이 1956년에 일본광부의 독일고용에 관한 협약을 독일정부와 체결하였다. 우리나라는 1960년대 한인광부와 간호사의 독일고용을 위한 정부간 협정이 체결되어 한인노동자의 독일이주가 본격화되기 시작하였다.

독일의 외국인노동자 고용은 다음과 같은 과정을 통해 보편적으로 이루어져 왔다. 제2차 세계대전이 끝난 후 독일은 라인강의 기적을 이룩하며 경제가 크게 발전하게 되자 외국에서 많은 근로자들이 유입되었다.

1960년대 일시적인 경기후퇴에 따른 일부 외국인노동자에 대한 귀환조치가 있었지만 경기회복과 더불어 다시 외국인노동자의 이주가 지속되었다. 그러나 1970년대 초반 외국인의 과잉으로 인한 우려와 경제상황의 악화는, 1973년 '외국인이주 법안(the Auslanderstopp)' 같은 외국인노동자의 유입을 제한하는 정책을 가져왔다.

1973년 이후에는 외국인노동자나 이주민들을 독일에서 떠나게 하려는 많은 정책들이 전개되었다. 차등적인 아동보조금(child benefit)의 지급, 이주민가족의 고용제한, 가족재결합의 제한조치 등이 그 예라 할 수 있다. 그러나 이러한 정책들은 외국인을 귀환시키는데 효과적인 결과를 가져오지는 못하였다.

독일에서는 외국인의 이주 및 정착에 관한 전권을 가지고 문제들을 총괄하는 정부기구가 부족하였다. 따라서 지방외국인사무소 등이 외국인의 이주와 정착에 있어 중요한 역할을 하였다. 또한 각 주(Land)의 정책들은 연방정부의 입장과 다소 다르게 실행되어 왔다.

독일 남부지역에서는 외국인의 이주 및 정착에 대해 강경한 제한 정책을 고수한 반면, 헤세 주와 브레멘 주 등은 상대적으로 연방정부의 입장보다 외국인문제에 있어 온건한 입장을 취하였다. 특히 베를린 시의 경우 냉전 기간 동안 거주자의 수를 늘리기 위해 외국인과 외국인노동자의 이주와 정착을 적극 장려하였다. 또한 다양한 보조금 지원과 세금감면 등의 혜택이 시행되었는데 한인간호사도 이러한 혜택을 받은 대상자에 포함되었다.

독일의 다문화정책은 기존의 외국인노동자 정책의 실패의 결과로 볼 수 있다. 즉 외국인노동자 정책의 핵심은 필요할 때 노동생산성을 위해 활용하던 외국인들을 본국으로 귀환시키는 정책을 펼치는데 노력해 왔으며 외국인노동자를 독일에 영구 정착시키는 준비에 소홀하게 대처해 왔다.

따라서 독일의 인권에 대한 강조와 연방과 지방정부의 강력한 통제 및 귀환정책의 실패는 독일을 전체 인구에서 이주민의 비율이 8%가 넘도록 만들었다. 따라서 이주민에 대한 정책은 통합적이고 포괄적인 정책이 시행되기 보다는 독일사회의 고유한 인권을 존중하는 법과 사회적인 동의를 기초로 이주민에 대한 최소한의 인권과 복지의 제공이라는 측면에 중점이 두어졌다. 즉 독일은 이주국가가 아니라는 선언 속에서 다문화사회의 현실적 존재를 부정해 온 것이다. 그러나 최근에는 다문화사회인 독일의 현실을 인정하면서 이주민 통합정책을 만들어 시행에 옮기고 있다.

독일에서는 이주민에 대한 지원을 과거 서독 시기부터 중앙정부가 종교단체 등의 민간단체에 재정지원을 통해 이주민의 정착을 지원하는 간접 방식의 정책을 전개해 왔다. 즉 전국적인 지부를 가지고 있는 가톨릭과 기독교 등 종교단체에 재정지원을 함으로써 이주민들이 이주 초기에 겪는 어려움을 해소하는데 도움을 주고 조언을 해주며, 이주민공동체의 다양한 활동이 진행되는데 이들 단체들이 지원을 해왔다.

그러나 이러한 정부의 지원은 이주민들이 궁극적으로는 본국으로 돌아갈 것을 전제로 하였거나, 영구정착을 한 경우에도 이주민 공동체에 대한 지원을 통한 다문화의 공존이라는 측면보다는 갈등과 문제 발생 기회를 최소화한다는 측면에 초점이 맞추어 졌다.

이러한 상황에서 최근 독일은 다문화사회로 전환되었음을 인정하고 적극적인 통합정책을 형성하고 시행에 옮기고 있다. 2005년 개정 이주법을 토대로 설립한 이주난민연방청은 통합프로그램규정을 통해 이주민의 독일사회 통합을 위한 각종 정책을 실행하고 있다. 구체적으로 이주민의 언어 및 사회적 통합정책을 추진하고 있으며, 이러한 정책은 23개 지역사무소를 통해 적극적으로 추진되고 있다.

한편 일반 국민들이 이주민에 대한 부정적 이미지를 갖지 않도록 매스컴을 통해 다양한 프로그램이 방영되고 있으며 이주민공동체가 도시 내 게토를 형성하지 않도록 주거상의 통합노력도 전개되고 있다. 이를 위해 다문화 거버넌스 차원에서 민간단체와의 협력이 적극 모색되고 있다.

한국의 경우 독일과 비교해 보면 국제이주와 정책에 있어 상이점과 유사점을 보여준다. 독일의 경우 외국인노동자의 이주와 정착, 뒤 이은 가족들의 이주로 인해 이주민공동체가 형성된 반면, 한국의 경우는 외국인노동자의 이주가 지속되고 있지만 대거 가족들의 이주로 이어지지는 않고 있으며 최근에는 국제결혼을 통한 이주가 급증하고 있는 상황이다(김용찬, 2007).

정책적인 측면에서 보면 한국의 경우 외국인노동자의 이주에 대한 통제정책을 추진하데 비해 독일의 경우는 민간단체에 대한 지원을 통해 간접적이기는 하지만 이주민공동체 및 다문화가족에 대한 지원을 해왔다.

그러나 한국 정부는 국제이주의 역사가 짧은 만큼 이에 대한 직간접적 지원이 상당히 미비한 상태였다. 한국 기업은 몇 가지 대안 중 하나를 선택해 다문화가족인력을 활용해 나가야 할 것이다.

일본과 대만의 다문화정책

일본과 대만은 다문화정책을 어떻게 펼치고 있을까. 일본과 대만의 다문화정책 사례를 살펴보면서 그들에게 배울 것이 있다면 배워 이를 우리 사회에 맞게 적용시켜 나간다면 성숙한 다문화사회를 만들어 나가는 데 많은 보탬이 될 것이다.

마침 일본과 대만의 연수를 다녀올 기회가 있어 그들의 다문화정책이 이루어지는 현장에서 직접 체험할 수 있었다. 2009년 1월 14일~1월 22일까지 8박 9일간 삼성·사회복지공동모금회의 지원으로 다문화사회복지사의 문화적 역량강화를 위해 연수를 떠나게 되었다.

한국사회복지사협회에서 주관하는 사회복지사 해외연수는 시작된 지 8회째가 된다. 그동안 현장의 많은 사회복지사들이 역량강화를 위한 해외연수에 참여하고 많은 효과를 얻은 것을 직간접으로 들은 바 있었다. 그런데 다문화 관련시설에 근무하고 있는 사회복지사들의 해외연수는 이번이 처음이었다.

시대의 변화와 함께 우리 사회에 거주하고 있는 외국인이 110만 명, 전체인구의 약 2%대가 되면서 다문화에 관한 관심이 더욱 높아져가고 있는 시점에서 적절한 연수였다고 생각된다.

지리적으로 가깝다는 측면에서 일본과 대만지역을 선택해 다문화연수를 가게 된 것인데 이들 나라 역시 다문화사회로 가는 과정에서 겪게 되는 사회변화에 많은 고민을 하고 있는 것을 보았다.

그러한 가운데 한국과 일본, 대만의 다문화정책에 대한 공통점을 찾아보았다.

첫째는 인구밀도가 높은 편이며 외국인들을 받아들이는데 꽤나 까다로운 정책을 펼치고 있었다. 둘째는 경제성장으로 인한 외국인노동자의 유입, 저출산고령화 문제, 농촌이나 산업현장의 총각들이 내국인 여성들과 결혼하기 어렵다는 현실이다.

세 나라의 차이점으로는 첫째, 3개국 중 다문화에 대한 역사가 가장 오래된 나라는 일본이었다. 일본은 1945년 이후 일본 내에 거주하고 있는 한국인과 중국인이 계속 거주하면서 다문화사회에서 발생하는 문제들을 오래전부터 경험하고 있었다. 또한 다문화가족의 범주에 일본은 유학생까지 포함시켜 우수한 인력에 대한 관심이 높았다. 한국과 대만은 다문화가족에 대한 범주가 유사했다.

둘째로 다문화에 대한 거버넌스 구축은 국가의 실정에 따라 매우 다르게 접근하고 있었다. 일본은 중앙정부보다는 지방자치단체 중심으로, 한국과 대만은 중앙정부 중심으로 법을 제정하고 지방자치단체에서 사업을 전개하는 형태로 추진하고 있었다.

최근 한국정부가 빠르게 다문화관련법을 제정해 추진하고 있는 것에 대해 일본과 대만 다문화 관계자들의 관심이 높았다. 다음해에 있을 일본과 대만연수에서는 좀 더 구체적으로 다문화관련시설에 근무하고 있는 사회복지사들의 고민과 대안들이 서로 교환되고 교류되며, 한국의 다문화정책 서비스들이 일본과 대만의 다문화관계자들에게 학습효과를 불러올 수 있도록 다양한 모델들이 나오기를 기대해 본다.

일본의 다문화공생 거버넌스

일본의 다문화공생정책은 올드커머(oldcomer)와 뉴커머(newcomer)로 분류하고 있다. 올드커머란 1945년 이전 일본제국주의 시기에 일본에 이주해서 살고 있는 사람들을 말하며, 뉴커머란 1945년 이후 경제가 발전하면서 일본에 온 외국인노동자, 결혼이주여성, 해외유학생들을 포함시키고 있다. 따라서 1945년 이전에 일본에 온 올드커머인 재일한국인이나 중국인에 대해서는 의료, 보험, 교육, 복지 등 다양한 분야에서 지역주민과 동일한 권리를 부여하고 있다. 또한 중앙정부와 지방정부는 외국주민을 따로 분류해 지원하기보다는 기존 업무 내에서 당연히 지역주민으로서 외국인을 포함해 행정서비스를 제공해 오고 있다. 외국인수용의 법령과 제도를 수동적으로 운용하는 중앙정부에 비해 지방정부는 지역주민인 외국인이 일상생활에 보다 용이하게 적응할 수 있도록 다양한 시책을 실시하고 있는 것이 특징이라고 할 수 있다.

외국인이 많이 거주하는 지방정부는 사실상 다문화공생시책을 선도하는 주체가 되고 있다고 해도 과언이 아니다. 행정, 취업, 교육, 거주, 사회보장 등 다양한 분야에 걸친 다문화시책을 종합조정하거나 정기적으로 협의할 수 있는 조직을 구축하고자 노력하고 있으며, 시민단체와 연계해 활동하고 있다. 지방정부에서는 다문화시책을 펴기 위해 시민과 행정기관이 협동체제 구축을 추진하였으며, 시민단체와 정내회와 같은 민간단체와 공동으로 다문화시책을 전개할 수 있는 거버넌스를 형성해 오고 있다.

일본 지방정부의 다문화 거버넌스는 지방의회에서 제정하는 조례에서 전형적으로 나타나고 있다. 한국에 비해 일본의 다문화공생 조례는 늦은 편이다. 2007년에 들어 미야기현(宮城縣)에서 외국인조례가 제정되었고 2008년 들어 도쿄도 아다치구(東京都 足立區)에서 조례안을 내놓았다. 미야기현의 조례 정식명칭은 '다문화 공생사회의 형성추진에 관한 조례'로 2007년 7월부터 시행되고 있다. 조례의 목적은 처음부터 다문화사회를 위한 광역단체, 사업자, 지역주민의 역할을 명확히 하고 종합계획을 세우는데 있다.

일본의 '외국인집주도시회의'

외국인이 많이 거주하고 있는 지방자치단체의 모임기구인 외국인집주도시회의(外國人集住都市會議)는 일본의 대표적인 다문화 거버넌스 체제라고 할 수 있다. 외국인집주도시회의는 뉴커머 외국인이 다수 거주하는 지방정부와 국제교류협회가 모여서 2001년 5월 하마마쓰시에서 설립되었다. 현재 26개 회원도시가 가입되어 있다.

일본에서 외국인이 가장 많은 오이즈미마치(大泉町)는 약 4만 2천여 명의 인구 가운데 외국인비율이 무려 16.7%이며, 미노카모시(美濃加茂市)는 약 5만 5천여 명의 인구 가운데 외국인 인구비율이 10.8%에 달한다. 대도시인 하마마쓰시는 인구 82만4천여 명에 외국인비율이 4%로 33,326명의 외국인이 살고 있다.

외국인집주도시회의는 외국인비율이 높은 지방자치단체의 연합체로서 다문화시책을 추진하고 중앙정부에 대책을 촉구하기 위한 네트워크로 매우 활발하게 활동하고 있다. 외국인집주도시회의는 2001년에 창립을 하고 다문화 관련부처인 총무성, 법무성, 외무성, 문부과학성, 문화청, 후생노동성, 사회보험청의 7개성청에 대해 외국인대책 수립을 요구하는 긴급 '하마마쓰 선언'을 제안하였다.

2002년에는 도쿄도에서 중앙공무원이 참석하는 회의를 개최하고 2004년에는 일본재계의 본산인 경단련, 2005년에는 외국인과 지역주민 시민단체 대표가 참가해 규제개혁 요망서를 중앙정부의 관계부처에 제출하였다. 2007년에는 다문화공생에 관한 주요 관심 분야를 지역커뮤니티, 외국인취업, 외국인아동교육으로 나눠 프로젝트팀을 결성해 연구회를 발족시켰다. 2008년에는 외국인대책의 종합적인 입안과 전담 성청의 설치, 외국인주민의 일본어 습득 기회보장을 중앙정부에 요구하는 '미노카모(美濃加茂) 도시선언(外國人集住都市會議 MINOKAMO, 2007; 양기호, 2009)'을 발표하였다.

2009년 1월 16일(금) 오후 2시, 지난 2007년 11월에 외국인집주도시회의가 개최된 미노카모시(美濃加茂市)를 방문하였는데 이를 통해 일본의 다문화정책이 중앙정부보다 지방자치단체를 중심으로 활발하게 움직이고 있는 것을 파악할 수 있었다.

미노카모시청에 방문하였을 때 시장과 면담시간을 가졌다. 미노카모시 시장은 일본 내에 외국인 거주비율이 높은 25개 시와 협력해서 진행하는 다문화관련 문제 해결을 위한 외국인집주도시회의 위원장을 맡아 활동하고 있었다. 월 1회 다문화관련 담당과장 회의가 정기적으로 이루어지고, 연 1회는 반드시 시장들이 참여해 의견교환을 위한 워크숍을 진행하는 지방자치단체의 적극적인 노력과 활동을 주목하지 않을 수 없었다.

외국인이 많이 거주하고 있는 지역을 중심으로 지역의 단체장들이 고민하고 논의하는 것을 보면서 우리 역시 이에 대해 앞으로 좀 더 연구 검토해야 하지 않을까라는 생각을 하게 되었다.

또한 미노카모시에서는 다문화공생추진 책정위원회, 다문화공생 청내심사위원회, 외국인 주체 시민좌담회, 다문화친구회, 다문화공생출산감소대책위원회, 코비지구 다문화공생추진좌담회 등 다문화에 따른 사회변화에 능동적으로 대처하기 위한 위원회 구성과 외국인 참여를 유도하기 위한 활동이 다양하게 이루어지고 있었다.

이러한 활동이 지역의 내외국인이 지역사회의 특성을 이해하고 공생하기 위한 제반여건을 마련하는데 큰 힘이 되고 있는 것으로 보였다. 미노카모시에서는 다양한 노력을 하고 있음에도 이에 멈추지 않고 우리나라의 다문화사업에 있어 모델로 삼을 만한 부분에 대해 연구하고 있었다.

2007년 11월 28일 미노카모시에서 개최된 제7회 외국인집주도시회의 기조강연에서 "앞으로 일본의 다문화제도가 모델로 배워야 할 나라는 유럽에서는 이탈리아, 아시아권에서는 한국이라는 발표가 있었다."는 내용을 전해 들으면서 느끼는 바가 많았다. 이는 한국의 중앙정부가 최근 2, 3년 동안에 다문화관련법안을 만들고, 적극적으로 다문화가족문제에 접근해가는 사업들이 일본에 전해졌기 때문이었다.

대만의 다문화 거버넌스

대만은 우리와 유사하게 중앙정부 차원에서 다문화에 관한 정책을 기획하고 지방자치단체에 보급하는 시스템을 갖추고 있다. 특히 대만은 우리나라의 남북문제와 마찬가지로 중국과의 양안관계로 미묘한 문제들이 있었지만 남북관계만큼 심각하지는 않다.

결혼이민자의 경우 40만 명 중 3분의 2가 중국본토에서 온 결혼이주여성들이었으며 나머지가 동남아에서 온 여성들이다. 중국에서 온 여성들은 대만과의 문화적 차이가 동남아 여성들과 비교해 그리 크지 않다. 출산율도 동남아 여성들보다는 중국에서 온 여성들이 높게 나타나고 있다.

다문화에 관한 거버넌스는 우리나라와 같이 체계적으로 조직화 되어 있지는 않다. 그러나 2006년 신이민법의 제정으로 외국인노 동자나 결혼이민자로 대만에 들어와 거주하는 인력들을 위한 거 버넌스들이 다양하게 만들어지고 있다.

일본과 대만의 비영리단체와 자원봉사 활동

일본 아이치현의 나고야 지역에서 활발하게 활동하고 있는 비 영리단체로 필리핀이주자센터(Filipino Migrants Center)가 있다. 뜻있 는 필리핀 사람 몇 명이 뜻을 모아 유흥가 지역 3층의 호프집을 임대해 상담실로 활용하고 있으며 정부 지원 없이 전액 후원금이 나 자원봉사상담을 통해 자비부담으로 운영된다.

다문화가정 자녀들에게 일본어 교육을 하고 있는 '장미학교'도 정규교사 외에 일본어를 가르칠 수 있는 자원봉사자들이 꽤 많이 참여하고 있다.

구번지 마나비야(다문화)센터란 곳은 남미계의 외국인들이 많 이 거주하고 있는 우리나라의 임대아파트 단지인데 뜻있는 여성 이 상가 1층을 임대해 다문화가정 자녀들을 위한 방과 후 학교를 정부보조금 없이 운영하고 있다. 이러한 뜻이 주변에 알려지면서 초등학교 교사와 뜻있는 이웃주민들이 자원봉사활동에 참여하고 있다.

일본이란 사회도 많은 사회복지대상자들이 정부의 사회적 서비 스를 지원받고 있다. 하지만 이러한 제도적인 사회적 그물망에 들어가지 못하는 사람들을 위해 뜻있는 비영리단체와 자원봉사자들에 의해 서비스가 제공되고 있다. 거대한 조직의 일본사회가 움직이고 있는 것도 결국 자그마한 자원봉사자들의 활동이 있기에 가능하다는 것을 엿볼 수 있다.

대만의 경우 대표적인 비영리단체로는 50여 년 전 설립된 (사)중화구조총회(中華救助總會)이며 정부지원금을 받으며 다문화가족들을 위해 체계적인 서비스를 제공하고 있다. 중화구조총회를 방문하게 되면 대만의 다문화서비스를 한눈에 파악하는데 도움이 될 수 있다.

대만에서 다문화와 관련된 NGO로 정부보조금 없이 활동하고 있는 단체는 1995년 설립된 대만아시아자매회(TransAsia Sisters Association, Taiwan)라고 할 수 있다. 2003년 사단법인 허가를 받고 다문화에 관한 사회적 인식개선과 결혼이주여성의 역량강화 프로그램을 전개하고 있는데 무엇보다 어려운 재정 상황을 극복하며 회원 중심으로 운영되고 있다는 것이 특색이다.

다양한 얼굴 · 다양한 문화가 공존하는 말레이시아

다문화가족과 관련된 사업을 추진해 오면서 한 가지 의문을 갖게 되었다. 동남아에서 한국으로 오는 결혼이민자들 중에 왜 말레이시아 여성은 없을까 하는 점이었다.

지난 2008년 12월 18일, 번데기가 인내와 노력으로 허물을 벗고 나비가 되듯이 두꺼운 겨울옷을 입은 30명의 학생들을 인솔하고, 일주일간의 말레이시아 다문화 연수 길에 올랐다. 연수단은 6시간 비행이라는 인내와 노력으로, 한국의 기온과는 평균 25도나 차이가 나는 말레이시아 쿠알라룸푸르 공항에 도착하였다.

말레이시아를 가기 전부터 이 나라에 대한 관심이 매우 많았다.

말레이시아는 1990년대 후반 아시아 국가 중에서 한국과 대만이 국가채무위기를 겪고 있을 때에도 1인당 GNP가 그리 높지도 않으면서도 국가채무위기를 겪지 않은 나라였다.

1786년부터 1957년까지 170여 년간 영국의 식민지였으며 지리적으로 볼 때 아시아의 관문이다. 유럽에서 중국이나 일본, 한국으로 오기 위해 반드시 거쳐야 하는 나라가 바로 말레이시아이다.

여러 다양한 민족들이 공존하며 정치적으로 안정된 말레이시아는 다른 동남아 국가와 마찬가지로 동방신기의 '풍선'과 원더걸스의 '노바디' 노래가 흥행하고 있다. 동남아에서는 유일하게 동방정책을 내세워 일본과 한국을 모델로 해서 수도인 쿠알라룸푸르(Kuala Lumpur)에 88층 고층의 쌍둥이빌딩(트윈빌딩)을 설립하였다. 쌍둥이 빌딩의 하나는 한국의 삼성건설이, 또 하나는 일본의 미츠비시 건설이 시공을 하였다. 또한 두 개의 건물 중 하나의 빌딩은 국민들의 도덕성을 강조하고 있었으며, 또 하나의 빌딩은 열심히 일해 물질과 풍요를 의미하는 것이라고 하였다. 쌍둥이 빌딩을 견학하면서 또 한 가지 인상 깊었던 점은 30도가 오르내리는 날씨 속에서 크리스마스트리를 볼 수 있었다는 점이다.

다문화에 관심이 있는 학자로서 말레이시아를 방문하게 된 것은 큰 수확이고 보람을 안겨 주었다. 우리를 맞이한 말레이시아는 다양한 얼굴, 다양한 문화를 가진 다문화국가였다. 사람이든 경치든 시가지든, 저마다 매력을 달리하며 고유색을 띠고 있었다. 아름다운 해변이 있는 크고 작은 섬들과 식민지 시대의 모습이 남아 있는 항구, 정글로 뒤덮인 산악지대가 있는가 하면 휴양지로 유명한 고원지대, 최첨단의 화려한 도시까지 말레이시아에는 다양한 매력이 공존하고 있었다.

이번 연수를 통해 흘러가듯 알고 있는 말레이시아가 아닌 함께 살아 숨 쉬는 말레이시아를 알게 된 것이 가장 큰 보람이 아닐까 싶다.

말레이시아는 약 2,130만 명의 다인종 국가로 말레이계, 중국계, 인도계, 원주민인 오랑 아슬리(Orang Asli), 중국인과 말레이인의 혼혈 인종인 페라나칸인 그리고 유럽계의 다양한 인종들이 살고 있으며, 이 중 다수 인종은 말레이(51%), 중국계(24%), 인도계(8%)로 구성되어 있다. 유럽계는 주로 포르투갈, 네덜란드, 영국의 후손들이며 대부분 말라카 지역에 살고 있다. 책에서만 보던 이론적인 다문화가 아닌 실제적인 다문화의 삶 한 가운데에 우리가 있었고, 그 속에서 함께 숨 쉬고 살았던 일주일이 몇 권의 책보다 더 가슴에 와 닿았다. 특히 말라카에서는 고통과 혼란의 역사 속에서도 함께 어울려 살아가는 방법들을 피부로 느낄 수 있었다.

말레이시아 다문화체험에서 가장 흥미로웠던 것은 종교문화였다. 이슬람교가 국교로 정해져 있으나 종교의 자유를 보장하기 때문에 다른 종교들도 선택할 수 있으며, 이러한 이유로 말레이시아에서는 이슬람을 위한 모스크 사원, 불교신도를 위한 절, 힌두교의 힌두사원 그리고 교회와 성당까지 쉽게 찾아볼 수 있었다. 다른 종교에 관대하고 그들의 문화를 인정해 주는 다양성이 매우 흥미롭게 다가왔다.

일주일의 연수과정을 통해 마라대학교 학생들과 나눈 뜨거운 우정과 홈스테이 마을에서 느낀 따뜻한 정, 푸트라자야의 웅장함과 선웨이에서의 즐거움, 말라카의 역사와 쌍둥이 빌딩 및 쿠알라룸프루 공항의 첨단시설 그리고 부킷 빈탕의 멋과 자유로움 어느 하나 잊혀지지 않는 것들이다.

그 중에서도 힘들어도 내색하지 않고 묵묵히 자신이 있는 곳에서 최선을 다한 30명의 학생들과 마라대학교 한국어과 학생들과의 교류가 가장 기억에 남는다. 사람을 사랑할 줄 알고 그대로 인정할 줄 알며 서로를 이해하고 존중하는 모습에서 우리 모두가 당당해지는 연수기간이었던 것 같다.

특히 자기소개 시간에 마라대학교 학생들이 "나는 중국계 아버지, 인도계 어머니 사이에 태어난 00이다." 또는 "나의 할아버지는 말레이계, 할머니는 중국계, 나의 어머니는 인도계에서 태어난 00이다."라며 너무나 당당하게 자신을 소개하는 모습을 보며 문화적인 충격을 받았다.

말레이시아 해외 연수를 통해 얻은 것이 있고, 또 잃어버린 것이 있을 것이다. 그러나 스스로에게 많은 희망의 메시지를 주고, 많은 다짐을 하고 왔다는 생각이 든다. 추억은 또 다른 추억을 만들어 준다는 것을 믿고 다시 만나는 그 순간까지 최선을 다하며 살아가길 바란다.

또 하나 기쁜 소식은 2007년 12월, 1차로 말레이시아 연수에 참가하였던 평택대 남학생이 마라대학교에서 만난 여학생과 친구로 지내다 결혼까지 하게 된 것이다. 이미 그 여학생의 부모가 한국을 다녀갔으며 결혼을 약속한 그 여학생은 우리가 말레이시아에 갈 무렵 혼자 남학생 집에 한 달간 머물러 있다는 소식을 들었다. 평택대 남학생과 마라대학교 여학생의 결혼으로 두 대학이 사돈 관계가 된 것이다.

평택대학교 특성화사업인 다문화가족 복지전문인력양성 사업은 이 사업을 기점으로 종결을 맺게 된다. 교육과학기술부의 특성화사업으로 선정된 2006년도부터 우리 사회는 다문화에 관한 화두가 정말 뜨거웠다. 이러한 중심에 평택대학교가 앞장서서 사업을 전개해 온 것에 자부심을 느낀다. 우리는 이제 다문화사회 속에서 함께 살아나가야 한다.

 지면을 빌려 이번 사업이 잘 진행되도록 협조해 주신 말레이시아 마라대학 방지연 교수, 서규원 교수, 마라대학교(MiTU) Prof. Datin Dr. Hajibah 학장에게 깊은 감사를 드린다.

3장 다문화사회에서 좋은 이웃으로 사는 법

1. 다문화사회의 십계명

다문화사회 좋은 이웃 십계명

우리 사회가 다문화사회로 변화되어 가면서 개선해야 할 '다문화사회의 십계명'을 구상하여 보았다. 여기에서 제안하는 '다문화사회의 십계명'은 필자가 그동안 틈틈이 다문화전문가 및 다문화가족들과 만나면서 수집한 자료를 기초로 하여 작성한 것이다.

다문화사회 십계명
1. 다문화가족을 차별하고 편견으로 대하지 마라
2. 다문화가족을 온정적인 태도로 대하지 마라
3. 서로 다름과 차이를 인정하라
4. 우리의 문화를 강요하지 마라
5. 다문화가족에 대한 선입견을 버려라
6. 이중 언어의 장점을 살려주어라
7. 다문화가족이라고 부르지 마라
8. 단일민족사회는 존재하지 않는다는 것을 인식하라
9. 다문화가족이 사회적응을 할 때까지 인내하고 기다려 주어라
10. 다문화가족을 내 이웃처럼 대하라

1. 다문화가족을 차별하고 편견으로 대하지 마라

다문화가족들이 한국에 와서 제일 먼저 받는 문화적 충격은 자기들을 차별하고 편견으로 대한다는 점이다. 외국인노동자들에게 반말을 하거나, 식당에서 어눌한 한국말로 일하는 결혼이주 여성들에게 "아줌마, 어디에서 왔소?"라고 비하적인 태도의 질문을 해서 식당일의 피곤함 보다는 반복적인 질문에 짜증이 난다고 한다. 다문화가족들에게 따뜻한 말 한 마디를 건네고 차별하고 편견으로 대하는 일은 없는지 생각해 보자.

2. 다문화가족을 온정적인 태도로 대하지 마라

한국에 온 다문화가족들이 우리 사회에 잘 적응할 수 있도록 체계적인 지원과 서비스를 제공하는 것은 필요하다. 때문에 중앙정부에서는 다문화가족지원센터를 설립, 운영하면서 전문적인 지원을 위해 노력하고 있다. 그러나 다문화가족 전체를 지원해야 한다는 온정적인 생각은 버려야 한다. 그들 중 반 이상은 오히려 자립적으로 우리나라 생활에 잘 적응해 살아나가고 있다. 현재 우리나라는 다문화와 관련된 지원사업이 너무나 온정적이며 산발적으로 중복 지원되고 있어 당사자인 그들은 매우 혼란스러워 하고 있다. 그들이 자연스럽게 한국 사회에 적응해 나가며 스스로 어려움을 극복하고 자립해 나갈 수 있도록 하는 과정도 필요하다.

3. 서로 다름과 차이를 인정하라

한 뱃속에서 태어난 형제도 성격이 다르다. 하물며 국가가 다르고 문화가 다른 지역에서 태어난 다문화가족들이 한국의 가족들과 함께 만나 살아가는 데는 많은 다름과 차이가 발생하게 될 것이다. 그들이 우리와 다르고 차이가 난다는 것을 먼저 인정하면서 인간관계를 풀어 나가는 것이 중요하다. 또한 피부색으로 사람을 구분하지 말아야 한다. 한국 사람들은 백인에게는 열등의식을, 흑인이나 동남아 계통의 사람에게는 우월주의 의식을 갖고 있다고 한다. 한 자료에 의하면 미국에서 백인들과 결혼한 여성들은 흑인이나 동남아 남성들과 결혼한 이들보다 우월주의 의식이 대단히 높다고 한다. 다문화사회가 되어간다고 하는 것은 우리들과는 피부색이 다른 사람들이 증가한다는 것이다. 피부색과 국적으로 사람을 구분하지 않는 태도가 매우 중요하다.

4. 우리의 문화를 강요하지 마라

선진국의 예를 보아도 다문화사회의 초기 현상은 다문화가족이 거주하고 있는 나라의 문화와 언어를 빨리 배워 적응하도록 하는 동화주의 정책, 용광로 정책이 주가 되면서 발전하게 된다. 그 후 오랜 기간 동안 시행착오의 과정을 거치면서 문화다원주의 정책으로 변화되어 나온 것을 알 수 있다. 이제 막 시작된 한국의 다문화 사회현상은 동화주의 정책과 문화다원주의 정책이 혼재되면서 다문화사회의 사회적 실험을 하고 있다. 한국에 와 있는 다문화가족들에게 한국문화를 배워 빨리 동화하라고 하기보다 우리도 함께 그들 나라의 문화를 받아들이려고 하는 자세가 매우 중요하다.

5. 다문화가족에 대한 선입견을 버려라

한국에 와 있는 다문화가족들은 자신들을 가난한 나라, 못사는 나라에서 온 사람으로 선입견을 가지고 대할 때, 가장 서러웠다고 말한다. 만약에 우리가 외국에 나갔을 때 이러한 대우를 당한다면 어떨지 입장을 바꾸어 놓고 생각해 보아야 한다. 물론 다문화의 역사는 가난을 탈피하고 돈을 벌기 위해 민족이 이동하면서 시작되었다. 1960년대 우리나라도 독일에 광부나 간호사로, 1980년대에는 중동으로 국경을 넘어 돈을 벌기 위해 많은 노동자들을 파견한 적이 있다. 현재 우리나라에 와 있는 외국인노동자들이 없으면 산업현장의 기계가 멈출 수밖에 없으며, 결혼이주여성들이 없으면 결혼을 하지 못하는 총각들이 계속 증가할 수밖에 없고 출산율도 저하될 수밖에 없다. 다문화가족에 대한 잘못된 선입견을 버려야 한다.

6. 이중 언어의 장점을 살려주어라

결혼이주여성을 맞이한 가정 중 자녀들의 언어교육으로 고민하고 있는 가정을 크게 두 가지로 구분할 수 있다. 한 가정에서는 자녀가 한국에서 살아야 하므로 한국어만 사용하라고 하는 가정이 있는 반면, 또 한 가정에서는 어머니가 한국어를 잘 모르니 일단 어머니 나라의 언어를 먼저 가르친 후 나중에 서서히 한국어를 가르쳐도 된다고 하는 가정이 있다. 문제는 어머니가 한국어를 잘 못하는데도 불구하고 한국어만 사용하라고 하는 가정의 경우 자녀들의 언어지체장애가 증가하고 있다는 것이다. 조금 한국어를 배우는 것이 늦더라도 일단 어머니 나라 말로 육아를 하면서 서서히 한국어를 배울 수 있게 하여 이중 언어를 사용할 수 있는 환경을 만들어 주어야 한다.

7. 다문화가족이라고 부르지 마라

우리나라에서 이제 다문화가족, 다문화가정이라는 용어는 매우 일반화된 용어가 되었다. 때문에 각종 언론 보도는 물론 관련 연구나 세미나도 다양하게 이루어지고 있다. 그러나 간혹 관련 모임이나 행사 때 다문화가족으로 구분해서 호칭하는 경우가 있는데 이는 매우 잘못된 표현이다. 물론 이 분은 베트남에서 왔다거나 또는 몽골에서 온 결혼이주여성이라고 소개하는 것은 괜찮다. 그러나 우리가 학문적으로나 문서로 사용하는 용어를 호칭으로 사용하는 것은 옳은 표현방법이 아니다. 어느 학교에서 선생님이 "방과 후에 다문화학생 잠깐 남아 있어요."라는 식의 사례를 앞에서 살펴보았는데 이는 매우 잘못된 표현방식이다.

8. 단일민족사회는 존재하지 않는다는 것을 인식하라

우리는 초등학교 시절부터 단일민족, 백의민족이라는 교육을 받으며 살아왔다. 따라서 우리 민족은 다른 민족과 함께 어울려 살아가는 방법에는 그리 익숙하지 못했다. 1990년대 초부터 국제화, 세계화라는 용어는 많이 사용하면서 우리나라가 세계를 향해 진출하는 데에는 많은 노력을 기울였으나 우리 내부의 국제화, 세계화를 이루는 데에는 매우 미흡했다. 우리가 살고 있는 한반도는 이제 다양한 언어가 사용되고, 다양한 민족이 살아가는 곳으로 빠르게 변화되어 나가고 있다는 것을 인식해야 한다.

9. 다문화가족이 사회적응을 할 때까지 인내하고 기다려 주어라

외국인근로자나 결혼이주여성들이 한국에 와서 가장 힘들어하는 것 중의 하나가 바로 한국 사람들의 성급한 문화 즉 빨리빨리 문화라고 한다. 한국 사람들 왜 이리 성격이 급한지 정말 이해하기 어려울 때가 한두 번이 아니라고 한다. 한국 사람들의 급한 성화에 분노하고 울분을 터뜨릴 때가 많다는 것이다. 우리들도 환경이나 지역이 바뀌게 되면 적응하는데 시간이 필요할 것이다. 하물며 다문화가족들은 우리와는 전혀 문화가 다른 사회에서 살던 사람들이다. 이들에게 한국 사람들과 똑같이 업무의 추진을 요구하거나 주문해서는 안 될 것이다. 다문화가족들이 하나 하나 업무나 생활에 적응할 때까지 인내하고 기다려주고 배려해 주어야 할 것이다.

10. 다문화가족을 내 이웃처럼 대하라

일부 지역의 초등학교는 이제 10~30%가 다문화가족 자녀로 구성되어 있다. 또한 일부 공단지역에 가면 내가 혹시 미국 LA나 뉴욕에 와 있는 것이 아닌가 하는 느낌을 주는 지역이 있다. 이뿐 아니라 이제 우리는 슈퍼마켓이나 지하철, 버스 등 어느 지역에서든지 외국인과 쉽게 만날 수 있다. 또한 이제는 우리나라의 어느 대학에 가도 많은 유학생이 우리 학생들과 함께 공부하고 있다. 다문화가족 이젠 외국인이 아니다. 이제 그들은 우리의 친척이자, 이웃이다.

외국인이 아닌 '더불어 사는 좋은 이웃으로'

우리 사회는 2050년이 되면 인구 10명당 1명이 외국인이 된다. 국토연구원은 최근 정부에 제출한 '그랜드 비전 2050: 우리 국토에 영향을 미칠 미래변화 전망 분석' 용역 보고서를 통해 이같이 전망하였다. 이 보고서는 2050년 우리나라의 메가트렌드를 규정하고 있는데 그 중에 하나가 '저인구, 초고령화 다문화사회'다. 이는 거스를 수 없는 미래 한국 사회의 모습을 여실히 보여주는 것이라고 하겠다.

이미 우리 사회는 일찍이 상상도 못했던 피부색과 언어가 다른 수많은 외국인이 함께 모여 사는 다문화사회가 되었다. '백의민족', '동방의 고요한 아침 나라'를 강조하며 순혈주의적 단일민족에 집착하는 사고의 틀을 깨지 않고는 살아갈 수 없는 시대인 것이다.

21세기 국제화 시대, 세계를 향해 문을 활짝 열고 수많은 외국인이 자유롭게 드나들며 거주할 수 있는 나라가 되기 위해서는 단일민족에 대한 자긍심에서 벗어나 시대의 흐름에 맞게 국가의 정체성을 재정립해 나가야 한다.

또한 낯선 땅에서 낯선 사람들과 어울려 사는 외국인을 우리의 이웃으로 껴안을 수 있어야 한다. 다문화시대가 본격화되면서 새로운 이웃사촌이 우리 곁에 살고 있다. 하지만 우리 사회는 아직까지도 그들을 이웃으로 받아들이려는 준비가 충분하게 되어 있지 않다.

21세기 좋은 이웃이란 어떠해야 할까. 외국인에 대한 편견을 버리고 이방인이 아닌 서로에게 좋은 이웃이 되며 따뜻하게 감싸안으려는 노력이 필요하다.

현재 일본에서는 외국인의 정주화가 진행되고 있으며, 외국인을 관광객이나 일시적인 체류자보다 생활인 내지 지역주민으로 인식해야 한다는 의식이 확산되고 있다. 외국인 주민을 종합적으로 지원함과 동시에 지역사회의 구성원으로서 사회 참여를 촉진하는 시스템의 구축 또한 중요하다는 인식도 확산되고 있다. 일본은 저출산과 고령화로 인해 국가를 유지하기 위해서는 세계화에 따른 이주는 당연한 것으로 보고 국적과 민족의 차이를 넘어선 '다문화공생'을 추진하고 있는 것이다. 이러한 노력은 우리에게 시사하는 바가 크다.

다문화관련법률

● 재한외국인 처우 기본법

2007년 5월에 제정되었으며 재한외국인에 대한 처우 등에 관한 기본적인 사항을 정함으로써 재한외국인이 대한민국 사회에 적응하여 개인의 능력을 충분히 발휘할 수 있도록 하고, 대한민국 국민과 재한외국인이 서로를 이해하고 존중하는 사회 환경을 만들어 대한민국의 발전과 사회통합에 이바지하는 것을 목적으로 한다.

여기에는 외국인정책의 수립 및 추진 체계와 함께 재한외국인 등의 인권옹호와 사회적응지원, 결혼이민자 및 그 자녀의 처우, 영주권자 및 난민에 대한 처우 그리고 국적취득이후 대한민국 사회에 빨리 적응할 수 있도록 지원하는 조항을 법률로 정하고 있다.

이 법에는 국민과 재한외국인이 서로의 문화와 전통을 존중하면서 더불어 살아갈 수 있는 사회 환경을 조성하기 위해 매년 5월 20일을 세계인의 날로 정하고, 세계인의 날부터 1주간의 기간을 세계인 주간으로 하는 것을 포함하고 있다.

● 다문화가족지원법

2008년 3월에 제정된 다문화가족지원법은 다문화가족 구성원이 안정적인 가족생활을 영위할 수 있도록 함으로써 이들의 삶의 질 향상과 사회통합에 이바지하는 것을 목적으로 한다.

다문화가족에 대한 이해증진, 생활정보 제공 및 교육 지원, 평등한 가족관계의 유지를 위한 조치, 가정폭력 피해자에 대한 보호·지원, 산전·산후 건강관리 지원, 아동 보육·교육, 다국어에 의한 서비스 제공, 다문화가족지원센터의 지정 등의 내용을 법률로 정해 시행하고 있다.

● 결혼중개업의 관리에 관한 법률

결혼중개업을 건전하게 지도 · 육성하고 이용자를 보호함으로써 건전한 결혼문화 형성에 이바지함을 목적으로 하며 2007년 12월에 제정되었다. 이 법률에는 국내 및 국제결혼업무의 신고, 국제결혼중개업자의 외국 현지법령준수 및 허위과장광고 금지 규정이 정해져 있으며 중개업자를 통해 결혼하는 사람들의 피해를 최소화하기 위해 부정한 방법으로 결혼중개를 하는 업체에 대해서는 영업정지와 폐쇄조치 조항을 두고 있다.

● 국적법

이 법은 대한민국의 국민이 되는 요건을 정함을 목적으로 하며 1997년 제정, 2008년 3월에 일부 개정되었다. 이 법률에는 출생에 의한 국적취득, 인지에 의한 국적취득, 귀화에 의한 국적취득, 일반귀화요건, 간이귀화요건, 특별귀화요건, 수반취득(외국인의 자(子)로서 대한민국의 〈민법〉 상 미성년인 자는 부 또는 모가 귀화허가를 신청할 때 함께 국적 취득을 신청할 수 있다는 내용), 국적취득자의 외국국적 포기의무, 복수국적자의 법적지위 등, 복수국적자의 국적선택의무, 대한민국 국적의 선택절차, 대한민국 국적의 이탈절차 등에 관한 내용을 담고 있다.

● 외국인근로자의 고용 등에 관한 법률

이 법은 외국인근로자를 체계적으로 도입 관리함으로써 원활한 인력수급 및 국민경제의 균형있는 발전을 도모함을 목적으로

2003년 8월 제정되어 2010년 개정 공포되었다. 이 법에서 외국인근로자란 '대한민국의 국적을 가지지 아니한 사람으로서 국내에 소재하고 있는 사업 또는 사업장에서 임금을 목적으로 근로를 제공하고 있거나 제공하려는 사람을 말한다'라고 정의하고 있다.

이 법률에는 사업장의 적용범위, 외국인력정책위원회, 외국인근로자 도입계획의 공표, 내국인 구인노력, 외국인 구직자 명부의 작성, 외국인근로자 고용허가, 근로계약, 사증발급인정서, 외국인 취업교육, 외국인근로자 고용의 특례, 출국만기보험 신탁, 건강보험, 귀국비용보험 신탁, 귀국에 필요한 조치, 외국인근로자의 고용관리, 취업활동기간의 제한, 외국인근로자 고용의 제한, 외국인근로자 차별금지, 외국인근로자 권익보호위원회 등에 관한 내용이 수록되어 있다.

2. 좋은 이웃이 되는 15가지 방법

　외국인이주민이 한국 땅에 처음 발을 내디뎠을 때 느꼈던 낯설음 못지않게 단일민족 정서가 강한 한국인들 역시 언어도 다르고 피부색도 다른 그들을 처음 대하였을 때 그들 못지않게 낯설음을 느꼈던 것이 사실이다. 그러나 이제는 그러한 낯설음으로부터 벗어나 이방인이 아닌 서로에게 좋은 이웃이 되는 방법을 모색해야 할 단계다. 세계화의 물결 속에 각 나라 사람들이 이주하며 문화를 교류하고 공존하는 삶은 지극히 당연한 일이며 시대적인 흐름이기 때문이다.

　자신의 나라를 떠나 다른 나라에 이주해서 사는 것은 쉽지 않은 일이다. 언어가 달라서 의사소통의 어려움을 겪게 되고, 외국인이라는 이유로 무시를 당하거나 차별을 당하기도 한다. 또 타지에서 살다보면 본국에 있는 가족이나 친구들에 대한 그리움으로 향수병에 시달리기도 한다.

　우리나라 사람들 역시 세계 각지에 이주해 살고 있으며 경제성장을 이루기 전에는 가난한 나라에서 왔다고 해서 무시를 당하고 차별을 겪어야만 했다. 과거에 그런 설움을 당했음에도 불구하고 우리 역시 개발도상국이나 우리 보다 경제적으로나 문화적으로

낙후한 나라에서 온 사람들에 대해서 편견과 차별을 갖고 대하는 경우가 많다.

그러한 편견에서 벗어나 외국인이주민과 좋은 이웃으로 살아가는 방법은 어떤 것이 있을까. 평소에 생각해 오던 것에 더하여 '다문화시대 좋은 이웃되기'를 주제로 학생들과 토론수업을 진행하면서 구체적인 실천 방법에 대해 다양한 의견을 모을 수 있었다. 한 학생이 "그들을 우리 사회에 동화시키려고만 했지, 정작 내가 좋은 이웃이 되기 위해 무엇인가를 해야겠다는 생각은 하지 못했다."는 얘기를 하면서 다들 공감을 하였고 그들의 입장에서 좋은 이웃이 되는 방법을 찾는 포문을 열 수 있었다.

다문화인식 개선 역시 좋은 이웃이 되기 위한 프로그램에서 비중 있는 부분을 차지하고 있는데 구체적인 실천 방법과 함께 우선적으로 선행되어야 할 것이 의식의 전환이라고 본다.

통상적으로 다문화, 다문화가족이란 표현을 쓰고 있는데 이러한 용어가 그들에게 거리감을 느끼게 하므로 자제할 필요가 있다는 의견이 나오기도 하였다. 행사나 프로그램을 진행할 때 한국의 일반 가정과 동등한 느낌을 들 수 있도록 하자는 것이다.

우리 사회에서는 내외국인이 더불어 사는 다문화공동체를 형성한다든지 학교나 지역사회에서 다문화인식 개선을 위한 교육을 실시하는 등 바람직한 다문화사회를 이루어 가기 위한 다양한 실험이 현재 진행 중에 있다. 또한 이웃사촌 맺기, 자원봉사, 멘토 등을 통한 우리 이웃들의 작은 실천이 따뜻한 다문화사회를 만들어가는 밑거름이 되고 있다.

좋은 이웃을 되기 위해 실천할 수 있는 방법에 대해 살펴보고자 한다.

1. 다문화, 생각부터 바꾸자

좋은 이웃이 되기 위해서는 다문화인식 개선이 우선적으로 이루어져야 한다. 그들을 차별과 편견 없이 대할 수 있어야 한다. 그러지 않을 경우 아무리 물질적으로 다문화가정을 지원한다고 해도 마음을 열어 그들과 진정한 이웃이 되고, 친구가 되는 것은 어렵기 때문이다. 행복한 다문화사회를 열어가는 첫 번째 단계는 우선 나부터 생각을 바꾸는 것이다. 그러지 않으면 그들을 진정한 우리의 이웃으로 대하기 힘들 것이다.

특히 교육현장에서의 변화가 반드시 필요하다. 교사나 학부모, 학생들에 대한 다문화인식 개선교육은 바람직한 다문화사회를 정착시켜 나가는 데 큰 도움이 될 것이다. 한국인 학부모의 다문화에 대한 긍정적인 인식 교육은 반드시 이루어져야 한다. '내 자녀와 함께 공부하는 다문화아동 이해하기' 특강 등을 통해 유치원 및 학교, 학원 등에서 발생하는 다문화가정 아동들의 왕따 현상을 예방할 수 있을 것이다.

다문화가정이라고 하면 대부분 결혼이민자가정이나 외국노동자만을 생각하는데 새터민들에 대한 인식개선도 매우 중요한 부분이라고 할 수 있다.

다문화, 다문화가족에 대해 이해를 높이는 공익광고 등의 다양한 방법을 통해 매스컴에서 다문화인식 개선을 위한 캠페인을 지속적으로 전개해 나가야 한다. 이를 통해 대중적으로 왜곡된 다문화에 대한 인식개선과 더불어 이해를 넓혀 나갈 수 있을 것이다.

2. 호의적 무관심으로 대하기

우리가 외국인이주민을 대할 때 지나친 배려나 과도한 관심을 보이게 되면 그들은 오히려 마음에 상처를 입을 수 있다. 그들은 한국인과 다르지 않게 있는 그대로 대해주기를 바란다. 편의상 다문화가족이라고 지칭을 하지만 그러한 호칭조차 그들에게는 불쾌감을 줄 수 있다. 호의적인 무관심으로 우리의 이웃을 대하자. 눈에 띄게 잘해주려고도 하지 말고, 그런 마음이 있다면 조금씩 나누어서 편하게 대해 주자.

동네에서 언제 만나도 부담 없이 가벼운 미소를 보내며 인사할 수 있을 정도 딱 그 정도로만 대하자. 학교에서 다문화가정의 친구를 만나게 된다면 구분 짓지 말고 다른 친구와 똑같이 대한다면 그 친구가 정말 기뻐할 것이다. 그리고 자신의 문화적 특성에 대한 자부심을 가질 수 있도록 배려해 준다면 더할 나위 없이 좋아할 것이다.

3. 이웃사촌 한가족 맺기

멀리 있는 친척보다 가까이 있는 이웃과 더 살갑게 지내는 경우가 많다. 문만 열고 나가면 바로 만날 수 있으며 언제든 볼 수 있는 이웃, 내가 사는 옆집에 좋은 이웃이 있다면 얼마나 좋을까. 이런 맥락에서 다문화가족지원센터와 건강가정지원센터에서 한국가족을 위해 펼치고 있는 다문화사업 '이웃사촌 한가족 맺기'는 대단히 의미 있는 일이다. 다문화가족과 한국가족이 이웃사촌을 맺으면 한 달, 일주일에 한 번씩 자국의 음식과 문화를 나누고 미술관이나 공원도 함께 가는 것이다.

이외에 다문화가정과 일반 가정과 일촌 맺기 운동을 전개하는 것도 좋은 이웃이 되는 방법이다. 색깔이 다르지만 서로 조화를 이루는 무지개처럼 서로 좋은 이웃이 되어 살아간다면 우리 사회가 성숙한 다문화사회로 성큼 더 나아가 있을 것이다.

4. 자원봉사로 이주민에게 도움의 손길을

필자는 2004년 연구년의 기회를 얻어 미국 LA에서 1년을 지낸 적이 있다. 1년여의 미국 생활을 하면서 왜 미국에서는 국민의 절반이 자원봉사활동에 참여하고 있는가에 대한 문제를 제기하고 그 답을 얻어 보려고 노력하였다.

1년여 미국 생활을 마치고 귀국하기 전에 얻은 결론은 미국에서 자원봉사활동이 활발하게 된 이유는 바로 자원봉사활동을 사회적으로나 환경적으로 국민들에게 적극적으로 권유(ask)했기 때문이라는 것이다.

자원봉사활동의 특성 중 가장 중요한 항목은 '자발성'이라고 한다. 그런데 미국도 국민들이 자발적으로 참여해 그렇게 자원봉사활동이 활발해진 것이 아니다. 미국과 영국에서 자원봉사활동에 참여하는 비율이 높게 나타나는 이유는 선진국이 되어 가는 과정에서 정부기관이나 민간단체에서 지역사회 문제해결에 자원봉사활동을 적극적으로 권유해 왔기 때문이다.

국민들의 자원봉사 참여율이 높아진 것은 선진국이 되는 과정에서 사회적 비용을 줄이기 위해 정부의 정책과 민간의 참여가 상호 조화를 이룬 것임을 알 수 있다. 결국 강압적인 정책만으로는 자원봉사활동이 성공할 수 없다는 것이다.

선진국의 자원봉사활동이 발전해 온 것을 한마디로 요약하면, 국민들에게 자원봉사를 제도적으로 권유하고 있었다는 점이다. 따라서 영국과 미국의 자원봉사활동에서 관심을 가져야 할 항목들은 눈에 보이는 제도적인 자원봉사의 권유정책과 눈에 보이지 않는 민간의 자발적인 영역을 함께 발굴해 내는 것이라고 할 수 있다.

미국과 영국의 사례에서 시사하는 것처럼 우리 역시 자원봉사 활동을 활성화하기 위해서는 사람들이 적극적으로 참여할 수 있도록 권유를 해야 한다는 것이다.

낯선 땅에 와서 어려움을 겪는 이주민들과 그 자녀들을 위한 자원봉사는 더불어 살아가는 우리 이웃에 대한 작은 배려이다. 자원봉사는 다른 사람을 위해서 봉사를 한다고 하지만 결국 자기 자신에게 돌아오는 것이 참으로 크다고 할 수 있다. 다문화가정 자녀에게 한글을 가르치는 자원봉사자의 글을 본 적이 있다. 다문화가정에서 5년째 자원봉사를 하고 있는 이 봉사자는 외국인에 대한 편견을 갖고 있었기 때문에 처음에는 낯설고 두려운 마음으로 이 일을 시작했다고 한다.

그러나 아이들을 만나면서 그들 역시 동네 꼬마 녀석들과 다를 바가 없는 것을 보며 자신의 생각이 편견이었음을 알게 되었다. 그리고 누군가와 함께 하는 즐거움, 타인에 대한 배려를 배우게 되면서 자신의 삶이 성숙해지고 있음에 감사하게 생각하고 있다.

바로 우리 곁에 가까이 있는 이웃을 위해 자원봉사를 하고 싶다면 다문화가족지원센터나 건강가정지원센터, 다문화공동체 등 다문화관련기관에 문의를 하면 된다.

5. 다문화가족의 '멘토'가 되자

교육과학기술부의 지원 아래 교육청과 대학이 협력해 다문화가정 학생에 대한 1:1 맞춤형 멘토링을 지원하고 있다. 교대생 멘토 등 2,500명이 멘토링에 참여해 방학기간과 방과 후, 주말 등을 이용해 한국어 교육, 기초 교과교육, 생활 학습상담, 문화체험 등 다양한 활동을 진행하고 있다.

멘토링에 참여하는 교대생은 교육봉사학점(2학점)과 교과부에서 지원하는 근로장학금 등을 받게 되며, 이를 통해 교대생은 다문화가정 학생에 대한 이해와 감수성이 높아지고, 다문화가정 학생은 필요한 교육을 받을 수 있어 함께 성장할 수 있는 기회가 되고 있다.

다문화에 대한 인식이 높은 내국인과 한국 사회에 적응한 장기체류이주민이 멘토의 역할을 해준다면 새로 이주한 이주민들이 한국 사회에 빠르게 적응하는데 많은 도움이 될 것이다. 그들은 시행착오를 줄이며 낯설음과 두려움을 털어버리고 한국에서 안정된 삶을 일구어 나가게 될 것이다.

6. 다문화가정 2세들에 대한 배려를

같이 놀고 어울릴 수 있는 친구를 의도적으로 만들어 주는 것이다. 어린 아이들은 오히려 편견이 없고 쉽게 동화되고 잘 어울리기 때문이다. 또 다문화의 긍정적인 측면을 다른 학부모에게도 홍보한다면 더욱 효과적일 것이다.

또한 유치원(어린이집)이나 학교에서 '부모 짝 만들어 주기'는 어떨까. 결혼이주여성들은 의사소통이 어렵기 때문에 유치원이나 어린이집에서 전화가 오는 것이 가장 두렵다고 한다. 같은 유치원을 다니는 학부모 한 명과 친하게 되면 여러모로 안심할 수 있을 것이다. 이를 통해 자녀의 유치원 및 학교의 가정통신문을 읽어주는 등의 도움을 받고, 부모 모임에 참여해 육아 및 교육정보를 나눌 수 있다면 육아가 한결 수월해질 것이다.

7. 좋은 이웃이 되려면 우선 자주 만나야 한다

좋은 이웃이 되려면 다문화가족과 자주 만나야 한다고 생각한다. 각종 행사 및 이웃 간에 소통할 수 있는 프로그램, 이를테면 부녀회나 학부모회 등과 연계하여 김장철에 김장담그기, 명절에는 한복입기, 음식만들기 등을 통해 자연스럽게 만날 수 있는 기회를 만드는 것이다. 다양한 행사를 통해 서로 좋은 이웃을 사귈 수 있게 되고, 그들은 한국의 문화를 체험하고 몸에 익힐 수 있게 될 것이다.

8. 기본적인 생활에 도움을, 수다 친구가 되자

우즈베키스탄에서 온 스베트라나 씨는 집집마다 난방을 따로 조절하는 것을 처음 봤다고 했다. 러시아는 공동으로 난방을 관리하기 때문이다. 하루 종일 난방을 켜 놨다가 한 달에 20만원을 낸 적도 있다고 한다. 이때 옆집 아주머니가 안 쓰는 방은 꺼 놓으라는 등 여러 가지 조언을 해 주어 도움이 많이 되었다고 했다.

이주민들에게 수다 친구가 되어 주자. 외국인에게 한글이나 한국문화 등 무언가를 가르쳐 주어야 한다는 생각을 하기보다는 그들과 친구처럼 이야기하고 함께 해주는 것이 더 도움이 되지 않을까.

이와 함께 이웃과 대화를 할 때 곤란한 질문이나 대답하기 싫은 질문에 대해 대처하는 방법을 알려주는 것도 좋다. 아줌마들의 수다에 익숙하지 않아 친해지려고 접근했다가 가정사를 묻는다든가 남편 수입 등을 물어 보는 것에 기분이 상하고, 친해지려고 말을 했는데 다음날 온 주민이 다 알고 있을 때 배신감도 느끼고 한국 사람에 대한 오해로 오히려 이웃과 단절하게 되는 경우가

있다. 어느 정도 한국말을 할 줄 아는 여성들에겐 대화법 교육이
필요하다. 한국 사람 모두가 그런 것은 아니고, 개인의 성격차라는
것을 알려준다면 한국인에 대한 오해를 하지 않을 것이다.

9. 다문화가족에게 운동프로그램을 제공하자

다문화가족 즉 이주여성이나 이주노동자가 한국을 자신의 나라
처럼 편안하게 느낄 수 있도록 돕는 것이 중요한다. 이들에게 편안
한 휴식처를 제공하여 쉼과 더불어 각 개인에게 맞는 운동프로그
램을 처방하여 실천하게 하면 좋을 것 같다. 그리고 함께 운동을
같이하면 여러모로 도움이 될 것이다.

10. 도움서비스 연계가 체계화되어야 한다

다문화가정에 도움을 주기 원해도 어떻게 도와야 할지 몰라
지원하지 못하는 사람도 많다. 그렇기 때문에 사회복지기관 및
정부 차원에서 다문화가정을 위한 도움서비스 연계를 체계화해
이들의 필요를 채워 줄 수 있도록 하자. 도움을 주기 원하는 사람
과 도움을 필요로 하는 사람을 연결해 주는 다리 역할을 하는
것이다.

11. 공평한 사회복지서비스 받을 수 있도록 혜택부여하자

이주민들이 공평한 사회복지서비스를 받을 수 있도록 법과 제
도를 정비해 나가야 한다. 다른 선진국의 경우 자국민과 차등 없는
경제적, 사회적 문화적 권리를 부여하는 정책을 추진하고 있다.
예산문제를 해결해 나가야겠지만 우리 역시 장기적으로 볼 때
이주민에 대해 사회복지제도를 국민과 동일하게 적용하도록 해야

한다. 일례로 결혼이민자에 대한 정책을 펼쳐나가는 과정에서 발상의 전환이 필요하다. 그들은 귀화를 하고 안 하고를 떠나 한국의 배우자, 부모, 자녀라는 점에서 한국인의 가족구성원임에 틀림이 없다. 외국국적을 유지하더라도 복지제도를 적용하는데 차별을 받아서는 안 될 것이다.

12. 다문화가정 가족 구성원의 교육이 절실하다

결혼이주여성들은 오히려 배우자, 시부모 등 주위 가족들에게 스트레스를 많이 받는다. 문화차이를 인정하지 않고 오히려 이주여성에게만 일방적으로 받아들일 것을 강조하기 때문이다. 따라서 배우자를 비롯한 주위 가족들을 위한 교육이 절실히 요구된다. 다문화가족지원센터에서 배우자들과 관련된 남편교육과 가족을 대상으로 교육캠프를 여는 것도 서로 간에 이해를 높일 수 있는 좋은 방법이다. 부부세미나를 열어 가정문제를 사전에 예방하는 등의 지원정책들이 시행되어져야 할 것이다.

다문화가족들을 대상으로 자국어로 볼 수 있는 홈페이지가 있는데 그들의 배우자가 그 글을 읽어볼 수 있게 하자. 상대방의 마음을 이해하는데 도움이 될 것이다.

각 나라별로 가족 단위로 모여 문화 체험의 시간을 갖는 것도 좋을 것이다. 가족구성원을 모두 참여하게 하여 교육을 실시하고, 가족이 먼저 이주여성을 가슴에 품어주어 이웃과도 좋은 관계를 맺을 수 있도록 도와줘야 한다.

13. 지자체별로 '다문화의 날'을 제정한다

재한외국인 처우기본법에서는 매년 5월 20일을 세계인의 날로

정하고, 세계인의 날부터 1주간을 세계인 주간으로 할 것으로 정한 바 있다. 그러나 지방자치단체에 따라 상황이 다를 수 있을 것이다. 지자체 별로 '다문화의 날'을 별도로 정해 지역주민들과 각 나라의 문화를 교류하는 행사를 함으로써 자연스럽게 다문화의 다양성을 인정하고 다양성의 조화를 모색하는 것도 바람직할 것이다.

14. 함께하는 다문화사회, 이렇게 대화해요!

서로의 입장이 너무 다를 경우, 아예 무시를 하거나 기회가 있으면 자기가 옳다고 싸우게 된다. 이런 경우 다음의 절차를 따라 대화를 하게 되면 보다 좋은 관계로 발전할 수 있다.

• 일단 마음의 여유를 가지고 상대방을 바라본다. 지금까지 늘 해왔던 방식에서 벗어나 나와는 다르다고 생각되는 상대방의 말에 먼저 귀를 기울여 본다. 마음의 여유를 갖지 못하면 서로 간의 의견차로 본래 의도했던 바에서 멀어지게 되고 언성을 높이게 된다. 따라서 가끔 특정한 시간과 날을 정해 나를 내려 놓고 상대방에게 다가갈 수 있는 마음의 여유가 필요하다.
• 상대방의 입장에 서서 진심으로 이해하려고 하고 진심으로 이해하려 애쓴다는 것을 전달하려고 노력한다. 상대방의 입장에 서서 그렇게 말하고 표현할 수밖에 없었던 이유들을 생각해 보고 상대방에게 "그래서 그렇구나.", "그래서 힘들었구나."하고 말해준다.
• 서로의 긍정적 에너지를 발견하고 나눈다. 상대방의 입장에 서서 상대방을 이해하면 그 안에서 무한한 힘과 장점을 발견하게 된다. 심지어 싸움을 걸고 험한 말을 할지라도 그 속에는

'자신의 뜻대로 되지 않아 진짜 속상하고, 내 뜻을 네가 이해해 주지 않은 것이 화가 났어. 다시 한 번 잘했으면 좋겠어.'라는 긍정적 에너지가 숨어 있음을 발견하게 될 것이다. 이런 긍정적 에너지를 발견해 함께 나누면 서로 한 단계 나아가는 경험을 할 수 있다.

15. 다문화가족 방문교육지도사,
   한국어교육 및 아동양육지원 서비스

다문화가정센터에서는 한국어교육 및 아동양육지원 서비스를 하는 지도사를 모집해 다문화가정에 파견, 방문교육을 실시하고 있다.

다문화가족 방문교육지도사는 시·군·구 또는 사업시행기관(다문화가족지원센터) 홈페이지 등을 통한 공고, 관련 민간단체 등의 추천을 받아 모집한다. 응모 자격은 해당 사업지역 내에 거주하는 사람을 원칙으로 하나 인접 시·군·구 거주자이며 이동거리가 서비스 제공에 큰 영향을 미치지 않는 경우도 지원할 수 있다.

한국어 교육지도사의 경우 '한국어 교원'(국어기본법시행령 제13조 규정해당자), 전직교사, 한국어교육 관련 전직공무원, 기타 한국어 교육에 전문성이 있다고 인정되는 자가 지원할 수 있다. 아동양육지도사는 전직교사(유치원 및 보육교사 포함), 건강가정사, 사회복지사, 결혼이민자, 기타 사회활동가 및 전문자원봉사자 등 아동양육에 전문성이 있다고 인정되는 자에 한해 지원 자격이 주어진다.

3. 다문화공동체를 위한 의미있는 노력들

다문화사회를 살아가는 우리의 목표는 내외국인이 더불어 잘 사는 다문화공동체를 만드는 것이다. 아직은 부족하지만 시민단체, 종교단체, 중앙정부, 지방자치단체의 작지만 의미있는 다양한 노력들이 있다. 여기에 그 모범적인 사례를 소개한다.

이주노동자 심방사역의 기적

최근 들어 많은 교회에서 국내거주 이주노동자들이나 결혼이주 여성들에 대한 관심이 높아져 가고 있다. 이 글에서는 평택시 지산동 소재 남부전원교회(담임목사 박춘근)에서 전개하고 있는 이주노동자들의 심방사역에 관한 이야기를 소개하려고 한다.

남부전원교회에서는 1996년부터 평택과 오산지역에 있는 이주노동자를 위해 디아스포라(특히 필리핀 노동자 중심)를 조직하여 선교사역을 시작하였다. 남부전원교회가 디아스포라를 조직하여 지금까지 전개한 선교사역의 프로그램을 살펴보면 다음과 같다.

먼저 이주노동자들이 편하게 상담할 수 있고, 쉴 수 있는 쉼터를 마련하였다. 의식주와 관련되는 것들을 제공하며 가족들과 국제전화통화서비스도 제공하였다. 송금을 도와주는 것은 물론 의료 및 인터넷서비스, 한국어 공부를 할 수 있도록 하였으며 한국문화 이해, 밀린 임금 받아주기, 실직자들을 위한 취업지도 등을 전개해 왔다. 이상에서 제공한 사업들은 다른 노동자센터나 이주사역을 한 단체와 크게 다르지 않은 것을 알 수 있다.

남부전원교회는 2003년 8월부터 이주노동자들을 위한 특별한 프로그램을 마련하게 된다. 필리핀 이주노동자들이 한국에서 거주하는 5년여 동안 대부분 귀국을 하지 못한다는 것을 착안해 고향을 방문하여 가족들에게 소식을 전해주는 활동을 시작한 것이다. 처음에는 이주노동자들의 고향을 방문해 가족을 만나고, 간단한 선물과 성경을 나누어 주고 노방전도를 통해 유인물을 나누어 주고 귀국하였다. 어떻게 보면 한국의 노방전도를 필리핀 현지에서 한 것과 크게 다르지 않았다. 그러나 이주노동자들의 가족을 심방하는 횟수가 거듭될수록 이주노동자들의 신앙이 더욱 깊어지는 것은 물론, 이곳 교회에서 심방을 다녀온 교인 특히 청년들의 신앙이 더욱 뜨거워지는 현상이 나타나기 시작하였다.

현재 필리핀선교회 디아스포라 4기 회장을 담당하고 있는 이현상 집사는 늘 기쁨에 찬 신앙생활을 하게 된다고 말한다. 이 집사가 이렇게 항상 기뻐하는 신앙생활을 하게 된 것은 필리핀 이주노동자들과 만나기 시작하면서부터라고 한다. 이 집사는 결혼 전에 기독교 신자가 아니었다. 아내의 권유로 교회에 다니면서 믿음생활을 한지 10여 년, 우연한 기회에 디아스포라 스탭(Staff)[2])에 참여하게 된다. 그는 필리핀에서 온 이주노동자들을 만나면서 감사하는 생활로 자기 자신이 변화되는 체험을 하게 되었고, 그들을 통해

---

2) 남부전원교회에서는 디아스포라 필리핀인 이주노동자 선교사역에 참여하고 있는 핵심 자원봉사그룹을 가리켜 스탭(Staff)으로 호칭하고 있다.

오히려 하나님의 사랑을 느끼는 기회가 되었다고 간증하였다. 대개 교회에서 디아스포라에 참여하는 스탭들은 가족단위인데 부부 관계 그리고 자녀들의 양육관계도 매우 좋아지고 있다고 하였다.

현지의 심방사역은 대체적으로 다음과 같이 진행된다. 첫째는 심방가기 전에 이주노동자 형제들과 이곳 사역자들과의 개별사진, 단체사진, 기타 한국에서 생활하고 있는 모습을 사진과 비디오로 준비한다. 이러한 사진과 비디오를 준비해 보여주며 소식을 전할 때, 가족과 이웃들은 한동안 울음바다가 된다고 한다. 또한 그곳에서 찍어온 사진이나 비디오를 한국에 있는 이주노동자 형제들에게 보여줄 때, 이곳에 있는 이주노동자들의 신앙생활이 더욱 깊어진다고 한다. 둘째는 가족이나 지역의 아동들을 위해 막대기 고무풍선과 학용품을 준비해 가는데 대단히 인기가 있다고 한다. 막대기 고무풍선으로 이런 저런 모양을 만들어 놀이를 하고, 또한 인근 지역에서 모인 아동들을 위해 준비한 학용품은 아주 귀중한 선물이 된다고 한다. 셋째로 한 가지 안전에 유의할 사항은 현지를 방문할 때 반드시 현지의 목회자나 현지 통역자와 반드시 동행해야 한다는 점이다. 또한 많은 지역을 돌아다녀야 하기에 거리에 따라 사전에 심방 스케줄을 철저하게 잘 조정해야 한다.

남부전원교회에서 한국에 있는 이주노동자 필리핀인과 중국인[3]들을 위해 모국의 가족을 심방하여 소식을 전해 주는 심방사역은 참으로 참신하고 감동을 주기에 충분한 프로그램이라는 생각

---

3) 남부전원교회에서는 중국인 이주노동자들을 위해 원신즈찌아(溫馨之家)란 선교회를 조직하여 필리핀 디아스포라와 같이 이주노동자 심방사역을 전개하고 있다. 원신즈찌아의 의미는 '따뜻한 향기가 나는 집'이란 의미로 중국인들에게 친근감을 주는 단어이다.

이 든다.

마침 7월 하순, 필리핀 심방사역을 떠나는 박현진, 신경은, 박예린 청년 3명과도 면담할 기회가 있었는데 한 청년은 이번에 두 번째로 필리핀 심방사역을, 또 한 청년은 처음으로 심방사역을 떠날 준비를 하고 있었다. 한 번 현지의 심방사역을 다녀온 청년(Staff)들은 한국에서 태어난 것에 대해 너무나 감사하게 된다고 전한다. 한국에 거주하고 있는 이주노동자들의 모국의 가정을 방문하는 심방사역은 한국에 와 있는 이주노동자 그리고 그의 모국 가족과 이웃주민들, 이뿐 아니라 한국에서 그들을 위해 헌신하고 봉사하는 사역자들 모두에게 기쁨과 사랑을 일으키는 기적의 프로그램이라는 생각이 든다.

이주노동자의 '오아시스'

낯선 지방이나 외국에서 가야 할 곳도 잘 모르고, 물어볼 사람도 마땅치 않았던 경험은 누구에게나 있을 것이다. 길가는 사람들에게 가야 할 목적지를 물어보려고 해도 누구에게 물어보아야 할지, 또 물어본다 해도 확실한 안내를 받기까지는 많은 어려움이 있다.

이럴 때, 길을 안내해 주는 안내소나 인포메이션 센터를 보면 사막에서 오아시스를 만난 것처럼 매우 반갑게 느껴진다. 이곳에서는 내가 가야 할 목적지 그리고 숙박이나 교통 등에 관해 마음 놓고 물어보며 정보를 얻을 수 있기 때문이다.

이와 마찬가지로 연수나 취업을 목적으로 한국에 와 있는 이주노동자들을 위한 이주민센터나 외국인노동자센터에서 안내를 받고 취업상담을 해 줄 때 이들의 마음은 얼마나 기쁘고 감사하겠는지 짐작이 간다.

우리나라에서 산업연수라는 명목으로 외국인노동자들을 유입해서 인력을 활용하게 되면서 그들을 위한 상담과 복지서비스를 민간 차원에서 가장 먼저 제공한 곳은 장로교 서울서남노회(통합)이다.

1992년 안산시 반월공단에 외국인노동자들이 들어와서 일을 시작할 무렵, 장로교 서울서남노회(통합) 측에서는 일부 외국인노동자들에게 선교의 목적도 있었지만 안산지역의 외국인노동자들을 위한 지원 사업을 시작하기로 결의를 하고 담당목사를 파견한다. 그리고 준비기간을 거쳐 민간에서는 한국 최초로 1994년 안산외국인노동자센터(소장 박천웅 목사)를 설립해서 운영하게 된다.

그리고 1995년 가톨릭재단인 천주교 외국인노동자사목센터에서도 갈릴레아(대표 Eugene Docoy) 외국인노동자센터를 설립해서 운영했다. 천주교 외국인노동자사목센터는 1990년부터 안산에 사무소를 설립, 사업을 시작했다. 그 후에도 다른 교단이나 종교단체에서도 외국인노동자들을 위한 사업에 참여하는 NGO가 증가하게 된다. 일부 선교사가 안산에서 외국인선교사역에 대한 사례발표를 하는 것을 들을 기회가 있었다. 안산에서 외국인선교사역이 얼마나 힘들었던지 그곳을 떠난 후, 안산 방향을 보고 소변도 보기 싫었다 할 정도로 많은 어려움을 간증했다.

1990년대 초부터 2000년대 까지 우리나라에 와 있는 외국인노동자들을 위한 상담은 주로 중소기업의 직원이나 노동청의 공무원들이 담당하였다. 제도적으로 외국인노동자센터가 설립되어 운영된 것은 2004년이다. 외국인노동자센터를 설립, 운영하는데 기여한 연구보고서는 2002년 경기개발연구원[4]에서 신기동 책임연

---

4) 2004년도에도 경기개발연구원 신기동 책임연구원은 「외국인고용허가제 실시의 영향과 대응방안」 보고서를 발표하였다.

구원에 의해 연구된 〈경기도 외국인노동자의 노동환경개선방안〉
이라고 할 수 있다. 이 보고서에 의하면 2002년에 경기도내 13개
시군에서 23개소가 운영되고 있었는데 대부분 종교단체의 부설이
었다. 또한 시설규모도 매우 영세했으며 사업에 투입되는 예산도
보호시설을 운영하고 지원하기에는 매우 부족하였다. 종교단체 부
설로 운영되는 센터의 주 사업내용은 노동조건에 관한 상담이나
건강진료, 한국어교육 등의 사업이 제한적으로 이루어지고 있었
다.

이후 경기도와 기초자치단체의 공동지원으로 2004년에 남양주
시와 안산시, 수원시, 시흥시, 화성시 등 5개 지역에 우리나라 최초
로 정부지원의 제도화된 외국인노동자센터를 설립해 체계화된
사업들을 지원하고 있다. 또한 외국인노동자들이 제대로 서비스
를 받기 위해서는 행정조직 내에 외국인 담당과와 인프라가 필요
함을 제기하게 된다. 2005년 2월, 행정안전부에서는 안산시에 외
국인복지과 조직을 승인하게 된다.

2010년 8월 현재 고용노동부 지원으로 설립, 운영되고 있는 외국
인근로자센터는 8개이고, 경기도와 기초 자치단체 지원으로 설립
되는 곳이 8개이며, 전국적으로 광역단체와 기초자치단체의 지원
또는 민간 NGO가 운영하고 있는 소규모의 시설을 합치면 약 200
여 개가 된다. 한 가지 아쉬운 점이 있다면 외국인근로자센터는
몇 개의 센터를 제외하고는 매우 규모가 작다는 점이다. 그리고
외국인근로자들이 바라는 쉼터가 매우 적은 편이다.

이주노동자, 그들이 가장 바라는 것은 무엇일까. 바로 한 인간으
로서 평범한 삶을 살아가는 것이다. 두 번째는 임금을 제대로 받고
근무하는 것이다. 세 번째는 건강하고 문화적인 생활을 하는 것이

다. 외국인노동자, 그들이 요구하는 것은 우리와 전혀 다르지 않다. 그럼에도 불구하고 외국인노동자들을 악용하는 사례들이 많이 발생하고 있다. 그들이 임금을 못 받았을 때, 그들의 임금을 받아주기 위해 동부서주 하던 한 직원은 어느 중소기업 대표로부터 '당신은 어느 나라 사람이냐'며 멱살까지 잡히며 강한 불만과 항의를 받기도 했다고 한다.

외국인노동자센터와 외국인근로자센터는 우리가 사막을 걷다가 목이 마를 때 만난 오아시스와 같이, 또한 잠잘 때가 없어 숙박시설을 몇 시간 찾다가 무료숙박을 해주는 숙박시설(쉼터)을 만난 것처럼, 그들에게는 매우 중요한 안식처요 고향이라고 할 수 있다. 좀 더 다양하고 체계화된 센터들이 많이 만들어져 반한파 노동자들이 아닌, 친한파 노동자들이 많아져 그들이 모국으로 돌아가면 미래 사회에 한국의 네트워크는 더욱 힘을 발휘할 수 있을 것이다.

이여인터와 인권

'이여인터'. 먼 옛날 우물가에서 모인 아낙네들의 모임이 연상되는 단어다. 이여인터는 2001년 설립된 한국이주여성인권센터(대표 한국염)의 약칭이다. 이여인터의 활동을 살펴보면 첫째는 상담활동 영역으로 국제결혼이주여성을 위한 가정폭력상담과 법률지원 그리고 이주여성노동자를 위한 성폭력상담이다. 둘째는 교육문화 활동 영역으로 한국 사회 적응을 위한 한국어와 한국문화적응교육이다. 셋째는 정책연구활동 영역으로 이주여성권익향상과 제도개선을 위한 심포지엄의 개최이다. 넷째는 모성보호활동영역으로 이주여성의 건강권과 신생아 보호를 위한 활동이다. 다섯째는 이주여성을 위한 출판홍보사업과 이주여성들의 나라별 모임을 위한 공동체 사업을 지원하고 있다.

1980년대까지만 해도 우리 사회에서 가장 힘없고 소외된 사람들은 장애인이나 수급대상자인 노인, 소년소녀가장이라고 하던 때가 생각이 난다. 미국에서는 가장 힘없고 소외된 계층은 흑인 그 중에서도 장애인 흑인 여성이라고 말하기도 한다. 필자는 최근 우리 사회에서 가장 소외받고 있는 사람들은 바로 일부 결혼이주여성이라고 생각한다.

한국에 와 있는 이주여성들이 가정문제가 발생했을 때, 지역주민의 신고로 가장 먼저 연결되어 신고 되는 곳은 지구대(파출소)나 경찰서라고 한다. 그 다음에 사회복지 관련시설을 통해서 연결되는데 그곳이 바로 다문화가족지원센터가 될 것이다. 그런데 다문화가족지원센터에도 해결이 안 되었을 때 마지막으로 인권에 관한 문제를 해결해 주는 곳이 바로 이여인터가 아닌가 생각된다.

어떤 이주여성의 사례를 보면 임신한 상태에서 가정폭력을 견딜 수 없어 가출, 노숙인으로 지구대(파출소)에서 또는 이웃이나 종교시설에서 전전하다가 마지막으로 찾게 된 곳이 이여인터에서 부설로 운영하고 있는 이주여성쉼터라고 한다. 이주여성쉼터에서는 가정폭력 피해 이주여성에게 숙식을 제공하고, 의료지원과 법률상담을 지원해주고 있다. 이곳에서는 개인 심리치료와 정서지원서비스 그리고 부부상담 및 귀국지원 등의 업무도 제공하고 있다.

이여인터는 현재 전국적으로 충북지부, 부산지부, 전남지부, 전북지부, 대구지부 5개소에 지부를 두고 연계 운영 중에 있지만 숫자는 매우 부족한 실정이다.

이여인터 부설로 운영되고 있는 이주여성쉼터 홈페이지(www.wmigrant.org)에 다음과 같은 글이 실려 있다.

닮은 듯 다른 얼굴, 닮은 듯 다른 피부색을 가지고
고향땅의 엄마, 아빠의 눈물과 축복을 뒤로 한 채
누군가의 아내가 되어 도착한 멀고도 낯선 땅.
행복한 웃음, 따뜻한 가족, 푸른빛 미래에 관한 꿈이 영글기도 전에,
견딜 수 없는 남편의 폭력, 시집식구들의 무관심과 냉대에
무참히 짓밟혀지고 내쳐져
한 몸, 먹고 누울 곳조차 찾기 어렵습니다.

이주여성쉼터는 그렇게 꿈이 짓밟히고 버려진 수많은 여성들을 보며
어머니의 마음을 품어야겠다고 생각했습니다.
어머니의 마음은 함께 품고, 보듬고, 키워가는 것입니다.
자매애로 함께 어깨동무를 하기로 마음먹었습니다.
우리는 다른 피부색, 다른 얼굴, 다른 언어를 넘어서
너와 나, 우리 모두가 차별 없이 하나 되는 꿈을 꿉니다.

어머니의 마음, 자매애를 품은 가슴으로 준비한
아주 작은 우리 쉼터는
이주여성의 꺾인 날개를 보듬는
치유의 공간이 되길 소망합니다.

이주여성의 수호천사

부천 이주노동자복지센터의 송연순 대표. 그는 10여 년 이상을 한결같이 이주여성들을 돕는 일을 계속해 오고 있다. 이주여성과 상담하고, 병원 안내하고, 가족들과 상담하느라 그의 쉰 목소리는 나아질 새가 없다. 면접 전날, 그가 근무하는 센터에서 지원하고 있는 한 이주여성의 딱한 사정을 듣고 면담하고, 저녁 늦게 귀가해서인지 그의 쉰 목소리는 더욱 가라앉아 있었다.

그를 만나 센터에서 면담을 하고 있는 중에, 직원이 긴급하게 상담한 결과를 보고하였다. 몽골인노동자가 공장에서 일을 하다 다쳐서 쉼터에서 쉬고 있는 중인데, 도저히 기운이 없어 링거주사를 맞고 싶다는 얘기였다. 송 대표는 직원을 통해 바로 병원에 연락을 해서 링거주사를 맞을 수 있는 조치를 했다. 면담 이후에는 바로 A이주여성(이하 A여성)이 남편, 가족과의 갈등으로 가출해서 센터부설 쉼터에 머물고 있는데 이에 대한 상담을 하러 나가야 한다고 했다. 그에 대한 얘기를 요약하면 다음과 같다.

A여성의 사례

어느 날 새벽 A여성은 집에서 살기가 너무 힘들어 가출을 하게 된다. 처음 한국에 왔을 때는 힘들었던 고국생활보다 나은 삶을 기대하며 꿈에 부풀어 있었으나 현실은 그렇지 않았다. 시어머니는 A여성에게 시댁에서 운영하는 공장에서 남편과 함께 월요일부터 토요일까지 오전 6시부터 오후 6시까지 일을 해야 하며 집안일도 해야 한다고 했다.

A여성은 그렇게 하겠다고 하고 열심히 일했다. 그러나 시어머니는 며느리가 하는 일이 늘 맘에 들지 않는다며 불만이었다. A여성은 한국생활이 얼마 되지 않아 말도 통하지 않는데다, 한국음식을 접해본 적도 없었기 때문에 집안일에 능숙하지가 않았다. 당시에는 김치조차 먹지 못할 정도로 다른 문화 환경에 적응이 필요한 시기였음에도 불구하고 시어머니는 이를 이해해 주지 않고 불평만 하기 일쑤였다.

또한 열대지방에서 살아오던 A여성에게는 겨울이 되면 추위를 견디기가 너무나 힘들었다. 추워서 방의 온도를 올려 보일러를 조금이라도 더 사용하면 심한 구박을 받았다. 세탁시 때가 잘 안 빠져 뜨거운 물을 조금만 많이 사용해도 구박을 하며 뜨거운 물도 사용하지 못하게 했다. 공장에서 늦게 돌아오는 남편도 이런 상황을 잘 이해하지 못하고 시어머니 편만 들었다.

A여성은 임신을 하게 된다. 입덧이 심하여 늘 몸이 좋지 않았던 그녀는 임신 후에는 일주일에 서너 차례만 공장에 나갔다. 그런데 가족들은 A여성이 입덧을 하는 것에도 짜증을 내곤 했다.

어느 날 저녁 임신한 몸을 이끌고 힘들게 공장 일을 하고 돌아온 A여성은 너무 몸이 안 좋았고, 입덧도 심해 집에 오자마자 누워 잠이 들었다. 그런데 저녁 10시경 남편이 깨워 함께 거실로 나오니 남편과 시어머니 사이에 큰소리가 오가며 다투었다. 아직 한국말을 알아듣지 못했던 A여성은 한참 후에 그 싸움이 자기 자신으로 인한 것임을 느끼고 불안했다. 몹시 화가 난 남편은 A여성에게 "부모님이 돌아오시기 전에 자지 마라. 왜 말을 듣지 않느냐. 말을 안 들을 거면 네가 살던 나라로 돌아가 버려라."며 소리를 쳤다. A여성은 무서워 울기만 했다.

잠시 후 남편은 A여성을 떠밀며 "당장 짐 싸갖고 집에서 나가라."고 했고, A여성은 어찌할 바를 모른 채 비교적 가까이 살고 있는 친구에게 도움을 청하려 했다. 그러나 시어머니가 A여성의 휴대폰과 전화번호 수첩을 빼앗아 버려 통화를 할 수 없었다. 체념을 하고 여권이라도 돌려주기를 부탁했으나 시어머니는 얼마 전 불이 나서 화재사고로 여권이 불타버렸다고 거짓말을 했다.

A여성은 어느 날 새벽, 추운 날씨에 쫓겨나다시피 가출을 하여, 거리를 떠돌던 중 어느 친절한 사람의 도움으로 지구대(파출소)에 연결되어 모국의 친구와 연락이 되고, 부천이주노동자복지센터

송연순 대표를 만나게 된다.

B여성의 사례

몇 년 전 결혼정보회사의 소개로 남편을 만난 지 일주일 만에 결혼, 한국에 온 B여성의 사례이다. 남편은 한국에서 자동차회사에 다니고 월급은 300만 원 정도 된다고 했다. 그리고 남편이 결혼 확인 인터뷰와 싸인 때문에 8월 중 3일 정도 신부의 나라에 다녀갔다. 그 당시에는 남편이 잘해주고 사이가 좋았다. 남편이 한국으로 돌아가고 비자 나오기를 기다렸다가 2년 전 한국 인천공항에 입국했다. 처음에 한국에 와서 2주일 정도는 정말 행복했다는 생각이 든다. 비록 말은 안 통했지만 시댁 식구들이 모두 반겨 주었고, 집에 무슨 문제가 있는지도 전혀 몰랐기 때문이다.

시아버지가 생활비를 주기로 약속했는데 약속은 지켜지지 않았다. B여성은 한국에 온지 한 달 후인 10월에 아기를 임신하게 된다. 입덧도 심하고 먹고 싶은 음식도 많았는데, 가족들은 생활비도 주지 않았고, 먹고 싶은 것도 사 주지 않았다.

나중에 알게 되었지만 시아주버니는 1급 정신지체자였다. 매일 시아주버니의 식사를 준비해야 했는데, 하루 세끼 식사를 준비하는 것은 너무나 힘들었다. 또한 남편은 처음 말한 대로 자동차회사도 다니지 않았고, 매일 술을 먹었으며 아무 일도 하지 않았다. 남편은 술을 먹으면 정말 이상한 사람처럼 느껴졌다. 그리고 시어머니는 안 좋은 말들을 많이 했다. 이렇게 한 계절이 지나게 되었다.

B여성은 임신을 한 이후 외출 한 번 하지 못하고 집안에서만 생활해야 했다. 그리고 생활비나 용돈을 받은 적도 없었다. 옆 동네에 고국의 친구들이 살고 있었지만 놀러 갈 수도 없었고 계속

집에만 있어야 했다. 혼자서는 아무데도 못 가게 했다. 그렇게 힘들게 임신한 상태에서 아주 더운 여름, 아기를 출산하게 된다.

그런데, 아기를 낳고 3일 후에 집으로 돌아왔는데도 남편은 매일 술을 먹고, 잘 해주지 않았다. 시어머니는 화가 나고 기분이 안 좋으면 배가 고프다고 해도 밥도 주지 않았다. 며칠 동안 아무것도 먹지 못한 적도 있었다.

아기에게 모유 수유를 했는데 먹는 게 부족해서 모유가 잘 나오지 않았다. 그렇게 힘든 날들이 계속 되었다. 아기 낳고 3개월 후쯤 남편은 술을 먹고 집에 와서 아기의 목을 조르는 놀이를 했다. 그렇게 하면 아기가 죽는다고 하지 말라고 했더니 B여성의 목도 조르기 시작했다. 그 상황에서 남편도 시아주버님처럼 정신이 이상한 사람이라는 것을 알게 되었고, 그렇게 힘든 날들은 계속 되었다. 그러나 B여성은 계속 참고 살았다.

이러한 어려움을 아는 친구의 소개로 B여성은 친구 집에 며칠 있다가, 친구의 아는 사람 소개로 부천이주센터 송연순 대표를 만나게 된다. 그 후에 몇 달간 센터에 살다가 가족들이 정말 잘해주겠다고 해서 다시 시댁으로 들어가게 된다. 그러나 몇 주 후 예전의 생활이 또다시 반복되었다.

그래서 B여성은 지금 다시 센터의 쉼터에 와 있다. 처음에는 아이와 같이 와 있었는데, 현재는 아이를 시댁에서 데려간 상태. 시댁에서는 자기만큼 아이를 잘 키울 수 없다고 생각한다. 아이를 자신이 키우기 위해서는 어떤 법적 절차라도 따르고 싶다고 한다.

송연순 대표는 결혼이주여성들의 친정어머니처럼 때로는 법정에 나가서 변호업무를 대행하고 있다. 앞에서 제시한 두 가지의 사례 외에도 이주여성들의 다양한 일들을 상담하다 보면 하루가

가고, 그의 목소리는 더욱 쉬어만 간다. 그에게 많은 도움을 받은 이주여성들은 송연순 대표의 쉰 목소리가 회복되기를, 그가 건강하기를 기도한다. 그가 건강해야 더욱 많은 이주여성들이 삶의 희망을 찾을 수 있기 때문이다.

부천이주노동자센터와 부설로 운영되는 쉼터는 2001년 부천의 밀알감리교회(담임 박기서 목사)가 지역의 4개 교회와 공동투자로 뜻을 모아 설립하였다. 송 대표는 부천시의 20여 개 회원기관을 중심으로 2006년에 부천시 다문화네트워크를 조직해 이끌어 나가고 있다. 송 대표의 메일 아이디의 닉네임은 천사이다. 분명 그는 아이디의 닉네임처럼 이주여성들의 수호천사임에 틀림없다. 오늘도 이주여성들이 송 대표를 위해 간절히 구하는 기도가 이루어지기를 기원한다.

이주여성들을 위한 '생명의 전화'

대부분의 이주여성들은 꿈에 부풀어 한국에 오게 된다. 한국에 가면 드라마나 뉴스에 나오는 것처럼 좋은 집에서 멋있는 남편과 함께 생활하며, 돈을 벌어 친정 식구들을 먹여 살릴 생각을 하고 오는 이들이 대부분이다. 그러나 대부분의 결혼이주여성들은 한국에 도착하는 순간 깊은 절망과 고통에 빠지게 된다.

처음에는 말이 안 통해 그런 줄 알았더니 언어장애인 남편을 만나게 되거나, 남편과 나이차가 적게는 7, 8세에서 30세까지도 난다. 어느 외국인센터에서 한국어를 배우기 위해 와 있는 친정 부모님이 앉아 계신 것을 본 적이 있었는데 결혼이주여성 남편이 친정어머니 나이와 비슷해 보이거나 오히려 많아 보이는 경우도 있었다.

1577-1366. 이주여성긴급지원센터(센터장 강성혜)는 국내거주 이주여성들을 위한 생명의 전화라고 할 수 있다. 한국 사회에 이주해 살고 있는 여성들이 가정폭력이나 성폭력, 성매매 등 폭력피해를 당했을 때 365일 어느 때나 전화로 상담을 할 수 있는 곳이다. 이주여성긴급지원센터(이하 이주여성긴급센터, www.wm1366.org)에서는 영어, 러시아어, 중국어, 베트남어, 몽골어, 태국어, 캄보디아어, 따갈로그어 등 8개 국어로 상담이 가능하다.

이곳에서는 문화와 의사소통의 차이, 빈곤의 문제, 가정폭력 등으로 인해 고통 받고 있는 이주여성들을 지원하기 위해 여러 가지 사업을 전개하고 있다. 면접 상담 법률 상담서비스, 전화통역서비스 등을 제공하며 체류나 신분상의 불안문제로 어려움을 겪는 이주 여성들을 돕고 있다.

최근에 안타깝게도 또 한 명의 베트남 여성이 남편에 의해 살해되는 사건이 일어났다. 스무 살 꽃다운 나이에 타국에 와서 겨우 7일째 되는 날, 남편이 휘두른 흉기에 처참하게 목숨을 잃게 된 것이다. 이로 인해 우리나라는 지금 외국인 신부 수난사로 베트남이나 캄보디아 등의 국가와 외교적 마찰을 빚고 있기도 하다.

이러한 현상들은 잘못된 국제결혼의 결과로 인한 것이라고 할 수 있다. 이 베트남 여성은 나이 차가 많이 나더라도 가난을 탈출할 수 있는 유일한 희망이 있었기에 믿고 따라왔던 것이다. 하지만 남편이 정신 병력이 있는 것까지는 알지 못하고 결혼을 했다. 이미 비극의 씨앗을 안고 시작된 결혼이었으며 결과는 너무나 처참했다.

이주여성긴급센터는 현재 부산광역시, 대전광역시, 광주광역시, 수원시 4개소에 지부를 두고 연계해 운영 중에 있지만 여전히 부족한 실정이다.

이주여성긴급센터는 2006년 개소 때부터 2009년까지는 사단법인 한국이주여성인권센터에서 운영을 하다가, 2010년부터는 한국여성인권진흥원에서 위탁운영을 하고 있다.

다문화시대의 언어문화봉사단 bbb

한국 bbb운동(홈페이지 www.bbbkorea.org)은 우리나라에 다문화시대가 도래할 것을 예측이라도 한 듯이 2002년 월드컵 당시에 이어령 초대문화부 장관의 제안으로 만들어졌다. 다문화시대에 가장 중요한 것은 의사소통이다. 의사소통이 되지 않고서는 어떤 일도 할 수 없기 때문이다. 이렇게 의사소통이 안 되어 위기 상황이 발생했을 때, 1588-5644, 외국에서는 82-1588-5644로 전화를 걸면 전 세계 어디에서나 17개 언어문화 자원봉사자들을 만나게 된다.

한국 bbb에 걸려온 주요 전화 사례를 살펴보면 다음과 같다.

한국인 남편의 폭력에 못 이겨 도망쳐 나온 중국인 여성의 경우인데 3년간 한국에서 일하면서 남편을 뒷바라지했지만, 매일같이 폭력을 휘둘러서 더 이상은 참지 못하고, 이혼을 하기를 원했다. 경찰관에게 자신의 상황에 대해 얘기하면서 신고할 때 대단히 설명이 어려웠으나 bbb의 통역으로 해결이 잘 되었다.

한국인 아저씨가 전화를 주셨는데, 중국인 부인이 결혼 후 한국에 온지 얼마 안 되었는데 일을 나가겠다고 했다고 한다. 한국인 아저씨가 1년 동안 한국어를 배운 후, 1년 뒤에 일자리를 찾게 해주겠다고 전해 달라고 했다. 중국인 부인과 통화해서 남편의 말을 그대로 전했고, 중국인 부인은 2달 정도 한국어를 배우고 취업을 하게 되었다.

또 다른 사례는 인천국제공항에서 태국인 여성이 전화로 요청한 것이다. 본인이 탑승할 예정이었던 인천 출발, 홍콩 경유 방콕

행 비행기가 항공기 사정으로 2~3시간 늦게 출발하기 때문에 태국에서 마중 나올 친구에게 연락을 부탁한 경우다. 태국 친구에서 연락해 처리해 주었다.

공장에서 인부채용 문제로 이를 담당하는 분이 통역을 요청한 사례도 있다. 중국인 근로자를 채용하기 위해 입국날짜, 불법체류 여부, 가족동반여부, 근무환경소개, 숙소, 식당관련 등을 통역해 주었다. 24분가량 통역을 했는데 bbb봉사 기억 중 가장 긴 통화였다고 한다. 다음 주 월요일부터 출근하는 걸로 합의하는 것으로 하고 bbb봉사를 마쳤는데 양측 모두 만족하였다.

이상과 같이 네 가지의 bbb의 통역 사례를 간략히 살펴보았는데 다문화시대에 다양한 언어문화봉사가 자원봉사자들에 의해 이루어지고 있는 것을 알 수 있다.

bbb는 before babel brigade의 약자이다. 비포 바벨(before babel), 즉 바벨 전(前)은 바벨탑 이전 시대를 일컫는 말이며, 브리게이드(brigade)란 군대의 여단 혹은 단(團)을 뜻한다. bbb는 모든 인류가 하나의 언어를 통용했던 바벨탑 이전 시대로 돌아가 언어 장벽이 없는 소통의 세상을 꿈꾸는 언어·문화 봉사단을 말하고 있다.

bbb운동은 디지털 기기(휴대전화)와 아날로그적 봉사를 접목시킨 대표적인 디지로그(digilog) 자원봉사활동이다. 한국 bbb운동은 17개 외국어에 능통한 3천여 명의 자원봉사자들이 24시간 자신의 휴대전화를 통해 언어통역 서비스를 제공함으로써 한국의 관광산업은 물론, IT 강국 이미지와 친절도 향상 등 국가 이미지 제고에 크게 기여하고 있다. 최근에는 이주노동자나 이주여성 등 다문화사회의 의사소통에 커다란 역할을 하고 있다.

문화부가 사업비 예산을 지원하고 있으며, 기업 협찬금 및 회비로 운영되고 있다. 전국 지방자치단체 및 외국인 관련 업무가 많은 여러 기관과 협약을 맺어 지원체제를 갖추고 있다.

bbb는 무료통역서비스이며, 통화를 원하는 사람이 통화료만 지불하면 된다. 이 운동은 언어 봉사를 실질적으로 하는 회원뿐만 아니라 일반 시민들의 협조로 이루어지는 봉사라고 할 수 있다. 비록 휴대전화 요금은 부과되지만 어려움에 처한 외국인들에게 휴대전화를 빌려주는 것 역시 봉사의 일환으로 생각하고 bbb운동에 적극적으로 참여해 주기를 기대하고 있다.

다문화사회에서 가장 중요한 것은 의사소통이다. 의사소통이 되지 않아 긴급한 상황에 처하게 되는 것은 공장이나 가정이나 관광지 어느 곳에서나 일어날 수 있다. 이럴 때, 바로 전화 한 통으로 의사소통을 할 수 있다. 다문화시대에 24시간 자신의 능력과 시간을 발휘하고 있는 언어문화자원봉사자, 이들은 우리 사회가 다양한 사회로 나아가는 다문화시대에 큰 역할을 하고 있는 숨은 봉사자들이다.

이주민을 위한 정보방송

이주민방송(www.mntv.net, Migrants Network TV)은 고용노동부가 설립, 지구촌 사랑 나눔에서 위탁운영하고 있으며, 2005년 5월부터 방송을 시작하였다.

외국인들의 인권 문제가 연이어 보도되던 시절 '동정이나 편견이 아닌 이주민 그대로의 시선을 담아내자'는 취지로 시작된 MN TV는 이 땅에 사는 외국인이주민이 스스로 여론을 형성하고, 한국 사회와 소통을 원활하게 하는데 밑거름이 되고자 한다.

첫해에는 한국어, 영어, 중국어 3개 국어로 방송을 시작하였는데 현재는 14개 국어로 방송이 되고 있다. 최근에 방송된 주요내용을 보면 첫째는 '외국인근로자의 성공적 귀환'이다. 외국인근로자라면 누구나 성공적 귀환을 꿈꾸지만 사실상 취업기간 내에 안정적인 귀환을 준비하기란 쉽지만은 않은 내용을 중심으로 다루고 있는데 매우 유익하였다.

둘째는 '외국인근로자 재고용은 이렇게 한다'는 프로그램이다. 3년간의 취업기간이 만료된 외국인근로자는 지난해 개정된 외국인근로자 고용법에 따라 사업주의 동의를 얻으면 출국하지 않고도 최대 2년간 재고용이 가능하다는 내용을 뉴스 형태로 담고 있다.

셋째는 한국산업인력공단에서 '구인 구직 만남의 날'을 개최한 것이다. 한국산업인력공단이 지난 7월 22일 중소기업의 구인난 해소와 외국인 구직자의 취업지원을 위한 구인·구직 만남의 날을 개최하였다는 내용을 전하고 있다.

넷째는 '4인 이하 사업장도 퇴직금을 지급한다'는 소식이다. 지난 7월 23일, '근로자 퇴직급여 보장법' 시행령 개정안이 입법예고됨에 따라 앞으로는 4인 이하 사업장에서 근무하는 근로자들도 퇴직금을 받을 수 있다는 내용을 보도한 것이다.

다섯째는 '2011년 최저임금은 시간당 4,320원'이라는 내용이다. 지난 8월 2일, 최저임금위원회에서는 2011년 최저임금을 발표하였는데, 올해 최저임금인 시간당 4,110원보다 5.1% 오른 4,320원으로 결정되었다는 내용을 전했다.

여섯째는 '이주민 의료센터가 개원 6주년을 맞이했다'는 것이다. 구로구 가리봉동에 위치한 이주민 의료센터는 지난 2004년 변변한 의료혜택도 받지 못하는 이주민들을 위해 처음 문을 열었는데, 올해로 6주년을 맞이하였다.

일곱째는 '외국인근로자만을 위한 쉼터가 개원되었다'는 소식이다. 지난 5월 30일 영등포구 당산동에 문을 연 서울시 외국인근로자종합지원센터에는 외국인근로자들의 편의와 서울 생활 적응을 돕기 위한 쉼터가 마련되어 있다고 보도하였다.

위에서 제시한 일곱 개의 뉴스는 인터넷 방송을 통해 14개 국어로 계속 방송되고 있다. 또한 이주민방송에서는 매년 10대 뉴스를 선정해 발표하고 있는데, 2009년 이주민방송에서 선정한 10대 뉴스는 다음과 같다.

① 고용허가제 법 개정
② 이주노동자 단속과 강제 출국
③ 신종플루와 이주민 건강권
④ 의정부 경전철 사고(이주민 사건 사고)
⑤ 경제위기와 중소기업 인력난
⑥ 이주민 120만 시대, 법 재개정 노력
⑦ 이주여성 사회 진출 확대
⑧ 피부색에 따른 차별은 그만
⑨ 재외동포법 확대, 취업 방문제
⑩ 이주아동 권리 보장

이러한 내용들은 언제든지 이주민방송 특집코너에서 다시 들을 수 있다. 이 밖에도 이주민들을 위한 다큐멘터리, 한국어배우기 초급과정과 중급과정 그리고 이주민 스스로가 영상제작자가 될 수 있는 미디어교육을 실시하고 있다.

한편, 이주민들을 위한 소규모의 인터넷 방송은 지역별로 많이 설립되어 운영되고 있다. 이주민방송국에 직접 가서 현장에서 14

개국의 근로자들 중 나름대로 엄선된 사람들이 한국의 자료들을 모국어로 번역하고 취재를 해서 녹화하는 모습을 보면서 1990년대와 비교하면 외국인근로자들을 위한 주변 환경이 대단히 좋아졌다는 것을 피부로 느낄 수 있었다.

이주민방송, 이주민들에게 꼭 필요한 다양한 정보를 정확하게 전달해 그들이 한국에서 생활하는 동안 돈도 많이 벌고, 많은 것을 배우고, 느끼고 귀국할 수 있도록 지원되어야 할 것이다.

이주민 음악치료방송

외국에서 오랫동안 체류해본 사람은 고국의 음악을 테이프로 듣기만 해도 얼마나 반가운지 경험해 보았을 것이다. 필자의 경험을 얘기한다면 1980년대 중반 유학생 시절 명절 때였다. 고향의 가족들에게 전화로 인사를 드리고 있는데, 한 유학생 후배친구가 집으로 초대를 해서 방문한 적이 있다. 그런데 그 후배 친구는 한국의 음악테이프들을 꽤 많이 갖고 있었다. 그는 자기가 가지고 있던 테이프를 돌아가며 틀어 주었는데 처음에는 함께 초대받은 유학생들이 자연스럽게 흥얼거리다가, 나중에는 힘차게 군가를 부르듯이 합창을 했던 기억이 난다. 그때 내게 가장 인상 깊었던 곡은 최진희의 '사랑의 미로'라는 노래였다. 그 후 '사랑의 미로' 노래가 들어있는 테이프를 복사해서 가사를 외울 정도로 들었던 적이 있다.

귀국 후 노래방에서 '사랑의 미로'를 불러 보았지만, 주변 상황이 변화되어서인지 그때만큼 감동과 흥이 나지 않았다. 그때는 아무튼 마음속에 응어리졌던 스트레스가 고국의 노래를 함께 부르며 후련하게 해소가 되어 집에 돌아왔던 기억이 난다. 유학생활에서 쌓인 스트레스를 완화시켜주는 심리치료의 효과가 있었던 것이다.

지금으로부터 30여 년 전 사우디아라비아의 한국대사관 문화공보관으로 3년간 근무한 적이 있는 웅진재단[5]의 신현웅 이사장(이하 신 이사장). 그 당시 사우디아라비아는 오일 쇼크로 휘청거리던 우리 경제에 젖줄 노릇을 톡톡히 해 준 나라였다. 수백 군데 건설현장에서 14만 명의 우리 근로자들은 뜨거운 모래땅에서 땀을 흘렸다. 당시 중동에 나가있던 근로자들은 고향에 계신 부모님과 처자식을 생각하며 외화벌이를 위해 자신을 희생했다.

신 이사장은 2008년 웅진재단의 사회복지사업을 시작하면서 새로운 사업 아이디어를 찾던 중 30여 년 전 중동에 근무하면서 활력을 되찾았던 추억을 떠올리게 된다.

섭씨 40도가 넘는 더위에 심신이 고달프고, 외로울 때면 신 이사장은 많은 근로자들과 함께 홍해(紅海) 바닷가를 걸으며 고향노래를 목청이 터지도록 부르고 또 불렀다. 주변 환경은 달랐지만 달밝은 밤이면 고향 생각은 더욱 짙어만 갔다. 신 이사장이 당시 가족들로부터 가장 받고 싶었던 것은 바로 한국의 대중가요가 담긴 카세트테이프였다고 한다. 당시 중동의 근로자들은 동료들과 함께 일터에 나가면서 또는 하루 일을 마치고 귀가해서 카세트테이프가 닳아 듣지 못할 정도로 돌려댔다.

2008년 3월 웅진재단의 이사장으로 부임한 신 이사장. 그는 그때의 경험을 되살려 국내 다문화가족들에게 무언가 도움이 되는

---

5) 웅진재단(이사장 신현웅)에서는 우리나라에서 외롭고 어려움을 겪으며 살아가고 있는 다문화가족을 위해 8개 국어로 음악방송을 개설 운영 중에 있다. http://www.wjf.kr/broadcast/main.aspx

일을 하고 싶었다. 본인이 타국에서 절실하게 느꼈던 그리움을 거울삼아 노래 한 자락에 따뜻한 위로와 치료의 기적을 나타낼 수 있는 사업이 있지 않을까. 30여 년 전을 생각하면서 기획한 사업이 바로 '다문화가족 음악방송'이다. 웅진재단에서는 2008년 7월에 다문화가족 음악방송을 개설, 현재는 8개국 원어민 DJ들이 8개 언어로 음악방송을 진행하고 있다.

다문화가족 음악방송에서는 위성 케이블·인터넷 방송을 통해 중국어, 베트남어, 태국어, 필리핀어,· 아랍어, 몽골어, 러시아어, 일본어 등 8개 언어로 방송을 하고 있다(신현웅, 2010).

지금도 밤 10시면 MBC 표준 FM에서 방송이 되고 있는 '별이 빛나는 밤에'(필자 주 : 강하고 천천히 발음을 내서 읽기 요망)는 시험공부를 하면서도 계속 틀어 놓았었다. 그때 라디오 진행자들이 한 마디 한 마디 전하는 메시지는 애청자들의 영혼을 달래주고, 용기를 주고 심리적인 치료를 해 주는데 충분했다. 그래서 우리는 '별밤'을 듣고 또 들었던 생각이 난다. 그러니 다문화가족들에게 이 음악방송은 얼마나 위로가 되어 주겠는가.

이러한 관점에서 웅진재단에서 실시하고 있는 '다문화가족 음악방송'은 매우 의미 있는 프로그램이라는 생각이 든다. 그러나 단순한 다문화가족 음악방송 그리고 뉴스와 정보를 제공하고 한국어를 배우는 방송으로 끝나서는 안 된다. 국경을 넘어 멀고도 먼 한국 땅의 노동자로, 한 가정의 며느리로 와서 시부모와 남편과의 애환과 갈등, 자녀를 키우면서 겪는 많은 시련과 고통, 경제적인 문제 속에서 많은 어려움에 부딪치다가도 '다문화가족 음악방송'을 통해 용기와 희망을 얻고 심리적인 치료까지 받을 수 있는 음악치료 방송이 되기를 기대한다. 또한 다문화의 가치와 철학이

접목된 방송으로 오래도록 발전되어 나가기를 희망한다.

다문화가족 IT 박물관 '다누리'

이주여성이나 외국인근로자들이 한국에 오면 가장 시급한 문제가 한국어를 빠른 시간 내에 배워 의사소통을 하는 것이다. 그다음이 한국의 문화나 정보를 습득해 한국생활에 잘 적응해 나가는 것이다. 모든 것이 다 하루아침에 이루어지는 것은 아니며 일정한 시간이 소요된다.

이를 위해 중앙정부나 지방자치단체에서는 다문화가족들을 위한 다양한 정보가 되는 자료들을 만들어 배포하고 있다. 그러나 정보자료집은 필요하기는 하나, 자료를 만들기 위해 기획하고 제작하는 과정에 시간이 너무 많이 걸린다는 단점이 있다.

이러한 점을 보완하기 위해 인터넷이 되는 곳이면 어느 곳에서나 다문화 관련 정보를 찾을 수 있는 사이트 '다누리(http://liveinkorea.mogef.go.kr/changelocale.do)'가 보건복지부 지원으로 전국 다문화가족사업지원단에서 위탁, 개설 운영되고 있다. 현재 4개 국어만 지원되고 있는데 앞으로 더 많은 국가의 언어로 자료들이 소개되어야 할 것이다.

다문화가족 IT 박물관인 다누리 사이트에 올려져 있는 정보들을 보면 한국생활사전 코너에 외국인지원서비스, 체류 및 국적취득, 한국 문화와 생활, 임신과 육아, 자녀교육, 건강과 의료, 사회보장제도, 취업과 근로, 대한민국 즐기기 등이 있다.

생활정보 코너에 가면 한국생활길라잡이, 경제생활, 건강정보, 우리농산물, 절기와 농사 등의 정보를 볼 수 있다. 또 학습마당 코너에서는 한국어배우기, 한국 사회 이해하기, 자녀교육, 정보화교육, 요리강습, 운전면허시험 등을 검색해 학습할 수 있다. 대화마당에는 게시판, 사진이야기, 커뮤니티, 지식정보, 다국어라디오 방송, 상담안내 등의 연계방안을 찾아 볼 수 있다.

이외에도 전국의 다문화가족지원센터에 대한 정보가 제공되고 있으며 다문화가족 뉴스레터인 RAINBOW[+] 웹진도 볼 수 있다.

웅진재단의 지원으로 다문화가족 음악방송이 8개 국어로 지원이 되고 있기도 하다. 한국에서 생활하면서 고향생각이 나거나 고국의 노래가 듣고 싶을 때 자유롭게 들을 수 있도록 많은 노래들이 수록되어 있다.

한편, 다문화가족들은 스스로 홈페이지나 카페를 개설해서 고국에서 온 동료들과 정보를 교환하고 있다. 다누리 사이트를 이용하는 외국인근로자나 이주여성들이 다누리를 통해 많은 정보를 얻어 자기들이 이용하고 있는 카페에 유익했다는 글을 올릴 수 있도록 앞으로도 한국 생활에 필요한 많은 정보들이 담겨지기를 기대한다.

국경없는 마을

이주민과 지역주민이 상호 협력하면서 다문화가 공존할 수 있는 가능성을 보여주는 대표적인 사례로 안산 원곡동 일대를 중심으로 이루어지고 있는 '국경없는 마을' 운동을 들 수 있다. 안산이 주민센터 대표인 박천응 목사가 주축이 되어 이루어지고 있는 국경없는 마을운동은 민족주의의 갈등과 차별을 극복하고 한국인과 이주민이 더불어 살아갈 수 있는 다문화사회 대안으로서 미래의 다문화복지를 열어 가는데 시사하는 바가 크다.

안산에서 이런 운동이 일어나게 된 배경은 이 지역에 외국인노동자들이 대거 유입되어 살게 되었기 때문이다. 노동의 이주는 단순한 사람의 이동뿐만 아니라 자국의 문화이동과 동시에 이루어진다. 이로 인해 타문화를 거부하는 우리 사회의 차별과 배제로 문화적 충돌이 일어나 서로 갈등하고 대립하는 사회적 문제가 야기되었다.

이러한 갈등을 해소하기 위해 시작된 것이 국경없는 마을운동이었다. 국경없는 마을에서는 소수자 보호를 위한 문화차별의 극복, 다수자의 변화를 통한 관계 회복, 다수자와 소수자가 더불어 살아가는 대안을 현실화시켜 다문화공동체를 추구해 나가고 있다.

국경없는 마을은 1999년 11월 안산이주민센터를 지역주민과 좀더 가까운 지역으로 옮기면서 본격적으로 추진되었다. '국경없는'의 의미는 '국적'이 서로 다른 사람들이 지역사회에서 주민으로 살아가는 것을 의미한다. '동네'라는 말은 '주거의 물리적 범위'를 지칭하는 반면, '마을'은 물리적 범위만을 뜻하지 않고, '이웃하여 사는 사람'에 초점을 두고 있으며 최근에는 다양한 사회적 관계망 또는 커뮤니케이션까지 포괄하는 '공동체'의 개념으로 사용되고 있다.

국경없는 마을은 주민과 이주민의 화합과 문화차별의 극복을 위한 다양한 내용들로 사업이 이루어지고 있다. 국경없는 마을 운동을 전개해 나가면서 외국이주민에 대한 편견이 점차 사라진 것으로 나타났는데 다만 고성방가, 쓰레기분리, 싸움 등으로 인해 동네가 시끄러워지는 것을 최소화하기 위해 자율방범활동을 강화하였다. 처음부터 주민과 이주민의 관계가 좋은 것은 아니었으나 외국인 거주자가 급격히 증가하고 주민과 접촉 빈도가 높아지면서 더 이상 차별의 대상이 아닌 서로를 필요로 하는 이웃으로 바뀌었다.

안산에 외국이주민이 정착하는 과정은 1992년 외국인 산업연수제가 실시되면서 본격적으로 이루어졌다. 반월 및 시화공단에는 전국 40만 이주노동자의 10%에 이르는 약 4만 명의 이주노동자들이 밀집해 있으며 원곡동의 경우는 전체 주민의 50%가 외국이주민으로 구성되어 있다. 반월과 시화공단은 95%가 중소기업이며 한국노동자가 기피하는 3D업종이 집중 배치되어 있어 이주노동자들을 집중적으로 흡인하는 요인이 되고 있다.

원곡동은 반월공단과 시화공단이 인접하여 출퇴근이 용이한 지리적 이점과 한국노동자들이 빠져나가 저렴해진 집세 때문에 외국인노동자들이 몰려 왔으며 이로 인해 지역경제가 다시 살아났다.

이주민의 정착에 따라 원곡동은 피부색과 언어가 다른 민족이 이웃하며, 다양한 문화가 공존하는 이색적인 마을로 변모하였다. 원곡동에는 중국·동남아 상점, 고시원, 일자리를 소개해 주는 용역회사들이 자리잡고 있으며 이주노동자들에 의해 이슬람 사원도 세워졌다.

안산에서 원곡동 본동에 이르는 거리는 '국경없는 거리'로 불리어지고 있는데 매주 일요일이면 국경없는 거리를 지나가는 80~90% 이상이 이주민으로 채워진다. 이주민들은 삼삼오오 무리를 지어 자국어로 고향소식이나 정보를 교환한다. 자국의 전통 옷을 입고 거리를 활보하기도 하고, 각 나라말로 장식된 간판, 다양한 언어를 사용하는 상인들, 외국의 이색적인 음식 등 원곡동 거리는 온통 이국적인 풍경으로 외국에 온 듯한 착각을 일으키게 한다.

국경없는 마을 운동을 전개해 나가면서 이주노동자와 주민, 관련 공무원을 대상으로 다문화공동체 형성 욕구 및 실태조사가 이루어졌다. 박천응 목사는 이 평가에 따른 사회복지실천적 과제로 외국인에 대한 편견을 버려야 하며, 다문화에 대한 편견에서 벗어나 다문화공동체 문화체험교육이 필요하다고 지적했다. 또 미등록노동자 문제를 해결하기 위해 장기체류자에 대한 발상의 전환을 해야 하며, 외국이주민 집단거주지를 양성화해 그들에게 지역사회에 참여기회를 부여함으로써 지역사회의 안정과 통합을 이루어낼 필요가 있다고 강조했다.

이와 함께 이주노동자와 주민의 갈등을 최소화해 서로 필요로 하는 프로그램의 공동개발 및 시범운영이 필요하다는 것이다. 이주노동자 지원프로그램으로는 한국어 교육, 인권노동상담, 무료 진료, 직업안내, 여가시설 등의 순으로 개발되어야 한다는 것이다.

지역갈등을 해소하고 사회통합을 이루어낼 프로그램 개발 역시 앞으로 실천해야 할 과제라고 할 수 있다. 지역사회에서 서로 갈등을 줄여나가려면 이주노동자의 경우 한국어 배우기, 기초질서교육이 필요하며, 주민의 경우 아시아문화이해교육 및 이주민에게 인격적인 대우를 하는 인권교육이 요구된다. 특히 문화차이에서 오는 이해교육을 증진시킴으로써 차별문화극복을 위한 방안이 모색되어야 한다고 실천 과제를 제시하였다.

국경없는 마을의 대표적인 프로그램은 이주노동자나 이주여성을 대상으로 이루어지고 있는 다문화체험 강사양성 프로그램이다. 이들을 교육한 후에 각 학교에서 강의하도록 하고 있다. 이러한 강의를 통해 다문화체험을 할 수 있는 기회를 지역주민과 학생들에게 제공하고 있는 것이다.

최근에 안산시는 원곡동을 다문화특구로 지정하였다. 하지만 지역주민들은 다문화특구가 어떤 의미가 있는지 알지 못할 뿐더러 필요성도 느끼지 못하고 있는 것이 현실이다. 오히려 특구로 지정되면서 기대심리가 작용해 전세와 월세가 오르면서 이에 부담을 느낀 이주노동자들이 방값이 싼 곳을 찾아 떠나는 일이 생기고 있다. 이주노동자와 지역주민을 위해 만든 정책이 오히려 역효과를 내고 있는 것이다. 정부 위주가 아닌 민간단체와 지역주민의 의견이 충분히 수렴되어 서로 협력해 나간다면 다문화공동체 국경없는 마을은 다문화사회의 미래를 열어가는 성공적인 사례로 자리매김할 것으로 기대된다.

원곡동의 국경없는 마을은 문화적인 측면에서 실험적으로 전개되었다. 이에 따라 생활전반의 차별을 극복하기 위해서는 정치, 경제, 사회 등의 차원에서도 중장기적인 다문화사회복지 실천과제를 가지고 전문적인 프로그램을 구체화시켜 나가야 할 것으로 보인다.

안산 외국인주민센터

2008년 3월 안산시 원곡동에 문을 연 안산 외국인주민센터는 안산시가 이주노동자를 지원하기 위해 세워졌다. 더불어 사는 다문화공동체를 형성하기 위해 설립된 외국인주민센터는 외국이주민과 지역주민들이 서로 다양한 생활정보를 나눌 수 있는 공동체 문화공간이다. 이곳은 국가별 공동체 사무실, 문화의 집, 야외공연장 등의 시설이 잘 갖춰져 있으며 무료진료센터와 휴일에도 문을 여는 은행, 8개 국어로 상담을 할 수 있는 통역지원센터를 운영하고 있다.

외국인주민센터에서는 외국인들이 한국에서 적응할 수 있도록 문화, 예술, 교육, 복지 서비스를 다양하게 제공하고 있다. 한국어,

컴퓨터나 각종 기술교육을 하고 있으며 문화활동, 체육활동과 외국인 공동체별로 대외적인 행사를 진행할 때 여러모로 지원을 아끼지 않고 있다.

안산 외국인주민센터는 각 지역에서 견학을 오는 이들로 발길이 끊이지 않는다. 외국인주민들이 정착해서 살아가기 편리하게 시설이나 프로그램을 운영하고 있어 다른 지역에서 조언을 구하기도 하고 벤치마킹을 하고 있다.

안산 원곡동 지역의 나라별 외국인을 보면 중국인과 조선족이 가장 많고 베트남, 필리핀, 몽골, 태국, 인도네시아 등 주로 아시아인들이다. 이주민들은 대개 언어 소통이 되지 않아 외국인주민센터를 찾아 어려움을 호소한다. 외국인노동자들의 경우는 임금체불이나 산재보험, 일자리 상담을 하러 오며 결혼이주여성들은 시부모, 남편과의 갈등을 해결하고자 온다.

외국인이주민이 많다보니 원곡동 주민들이 불만을 제기하는 경우가 있다. 이런 경우 지역주민들과의 불만을 해소하며 이해를 돕기 위해 문화행사를 열기도 하고, 그들이 처해있는 어려운 상황에 대해 알리는 자리를 마련하기도 한다.

최근에 주민센터는 다문화아동 교육담당 부서를 개설하고 다문화가정 어린이들의 부진한 학습능력이 향상될 수 있도록 돕고 있다. 작년에 문을 연 다문화도서관에서는 각국의 언어로 쓰여진 책을 볼 수 있어 이주민과 다문화가정의 자녀들이 이곳을 애용하고 있다.

외국이주민들이 초등학교 문화강사로 활동하는 프로그램도 운영하고 있는데 학교현장의 교사들과 학생들의 반응이 뜨겁다. 20여 명이 각 나라의 문화를 알리는 교사로 활동하고 있으며 더 많은 인적 인프라를 구축해서 더욱 활성화해 나가고자 한다.

안산 외국인주민센터는 다문화를 통한 조화로운 지역 공동체를 만들어 나가기 위해 이주민들이 필요로 하는 맞춤형프로그램과 서비스를 만들어 가고 있다.

4. 다문화사회를 위한 정부의 노력

결혼이주여성의 안식처 - 다문화가족지원센터

우리 땅에 거주하고 있는 결혼이주여성이 18만 명이 된다고 한다. 그들 사이에서 태어난 다문화가족 자녀들이 1만 2천여 명. 당분간 결혼이주여성의 숫자는 더욱 증가하게 될 것으로 보인다.

시집간 여성들이 가장 그리워하는 곳은 친정일 것이다. 그런데 우리나라에 거주하고 있는 이주여성들의 친정은 멀어도 너무 멀리 있다. 이 때문에 이주여성들이 가장 가고 싶어 하는 곳은 전국 170여 개소에 설립, 운영되고 있는 다문화가족지원센터라고 할수 있다.

간혹 다문화가족관계자들이 모인 곳에서는 이러한 대화들이 오고 간다. 그래도 다문화가족지원센터라도 나올 수만 있어도 행복한 여성이라고. 그렇다. 가족들이 다문화센터에 나가 한글을 배우고, 동료 친구들과 교류를 할 수 있도록 배려를 해주는 것 자체만으로도 그들은 삶의 큰 만족을 느끼고 있기 때문이다. 그런데 다문화센터에 가고 싶어도 가지 못하는, 보내주지 않는 가족들, 또한 접근성이 어려워 아예 상담조차 받기도 어려운 이주여성들이 많이 있다.

우리나라에서 국제결혼이라고 하면 1950년대 전후 미군정시대와 한국전쟁으로 인해 이루어진 미군과 한국인 여성이 전형적인 국제결혼의 모델이라고 할 수 있다. 그러던 것이 1990년대에 들어오면서 농촌총각들이나 공단지역의 총각들이 국내 여성들과 결혼이 잘 성사되지 않으면서 동남아 여성들과의 국제결혼이 증가하기 시작하였다.

1990년대 초 농촌지역에서는 '총각귀신'이라는 말이 등장하기 시작하였다. 동네 아주머니들이 모여 "아이고, 우리아들 이러다 총각귀신 되겠네." "아이고, 00댁 아들 그러다 총각귀신 되겠어요."라는 말이 유행하기 시작하였다.

이러한 문제를 해결하기 위해 등장한 것이 일부 지방자치단체에서 '농촌총각장가 보내주기 운동'이다. '농촌총각장가 보내주기 운동'에서 처음 나라를 선정한 곳은 바로 중국의 조선족 여성이다. 우리말이 조금 통하니 그래도 낫지 않겠나 해서 조선족여성을 선호했다.

그런데 조선족 여성들은 말은 통하지만 그들의 생활습관은 중국인이었다. 그들은 한국의 가부장적인 문화에 잘 적응하지 못하고 있었다. 중국에서는 남자들이 집안청소나 세탁 등 가사 일을 많이 돕고 있는데 비해 한국은 그렇지 못하기 때문에 이에 대한 불만이 높아만 갔다. 이러한 사실들이 알려지면서 말이 조금 통하는 조선족 여성보다는 중국의 한족여성이나 필리핀 그리고 베트남 여성들로 결혼대상국이 점차 변화되었다.

1995년은 국제결혼 다문화가족을 연구하는 학자들에게는 매우 의미 있는 해이다. 1995년은 외국인 남성과 한국인 여성의 국제결혼 보다, 한국인 남성과 동남아 여성의 결혼 비율이 높아졌기 때문이다. 이제는 국제결혼이라고 할 때 한국인 남성과 동남아 여성의 결혼유형이 주가 되었다고 할 수 있다.

소수이긴 하지만 일부 한국여성과 외국인남성노동자와의 결혼도 있다. 1990년대 중반 파키스탄인과 결혼한 한국인 여성이 연애를 할 때이다. 두 사람이 데이트를 하다가 슈퍼마켓에 가게 되었다. 그 때 슈퍼마켓 사장은 다짜고짜로 "너희같은 놈들에게는 물건 안 팔아도 좋으니 다른데 가서 사라."라고 고함을 쳐서 당황해서 나왔다는 것이다. 또한 한국인 여성이 자기 동생을 소개시켜 주겠다고 하여 첫 번째로 상견례를 한 적이 있었다. 그 때 처제가 될 사람이 보자마자 "대개 시꺼멓네."라고 소리치면서 나간 이야기 등 우리 사회가 다문화사회로 변화되어 오면서 일어난 에피소드들은 수없이 많이 있다.

우리나라에 거주하고 있는 18만여 명의 결혼이주여성들이 가장 가고 싶어 하는 곳이 바로 다문화가족지원센터이다. 다문화가족지원센터는 2006년 보건복지부에서 결혼이민자센터라는 이름으로 전국적으로 24개소를 운영하면서 시작되었다. 2008년 다문화가족지원법이 제정되면서 결혼이민자센터는 다문화가족지원센터(http://liveinkorea. mogef.go.kr)로 명칭을 변경해 운영하고 있다.

이런 저런 연유로 한국에 와서 살고 있는 결혼이주여성들. 그들이 한국어를 배우고 자녀양육과 상담, 건강, 한국의 문화 그리고 다양한 기술을 배워 자립적인 생활을 하기까지 종합적인 서비스를 지원해 주는 곳, 이곳이 바로 결혼이주여성들의 안식처인 다문화가족지원센터이다. 아직 시설들이 지역마다 차이가 있고 전문인력과 예산지원이 부족한 형편이지만, 그래도 결혼이주여성들에게 친정과 같은 역할을 대신해 주는 곳이 다문화가족지원센터라고 할 수 있다. 이러한 일들을 효율적으로 추진하기 위해 센터에서는 지역사회의 다양한 인적 물적 자원들을 잘 활용해 나가야 할 것이다.

문화의 다양성을 인정하며 소통의 장 넓힌다

문화체육관광부는 문화의 다양성이 우리 사회의 문화 창조력 증대와 국제경쟁력 강화의 원천이 된다는 인식을 바탕으로, 다양한 소수자 문화의 공존과 이주민-내국인간의 문화적 소통에 초점을 두고 다문화정책을 추진하고 있다.

2008년에 학계 및 관련 단체 등 전문가로 구성된 정책자문회의 등을 통해 종합계획을 수립해 다양한 문화의 공존을 위한 다문화정책을 적극 시행해 나가고 있다.

우선 기존의 차별배제, 동화주의 입장을 넘어서 문화다원주의에 입각한 문화다양성 존중, 문화향유권 확대 등을 내용으로 한 관련 법률의 제정 검토와 지역 유휴공간을 활용한 이주민 문화 전용공간 확충 등 제도적인 기반을 마련해 나갈 예정이다.

문화체육관광부는 이주민이 한국문화에 조기 적응을 할 수 있을 뿐만 아니라, 이주민이 내국인과 같은 수준으로 문화적 삶을 향유할 수 있도록 문화바우처, 복지 관광 사업 등을 확대하고 다른 문화권과의 문화교류 사업 등을 더욱 확대 지원해 나갈 계획이다.

또한 아직 우리 사회의 이주민에 대한 인식이 다소 배타적이고 차별적인 현실을 감안해 문화체육관광부는 외국인근로자, 결혼이주여성에 대한 국민 인식 개선도 주요 정책과제로 포함하고 있다. 이를 위해 다양한 매체를 활용한 홍보물 제작, 아시아를 비롯한 타 문화권과의 접촉 기회 확대, 이주민 관련 업무 담당자 등에 대한 다문화교육 등을 추진하고 있다.

성남시 농업기술센터는 베트남 출신 엄마가 있는 12가정을 대상으로 한국 채소와 베트남 채소를 재배할 수 있도록 지원을 하고 있다. 두 나라의 채소를 재배해서 수확하는 과정을 통해서 서로의 문화를 소통하는 장을 마련하고 있는 것이다.

이를 통해 자녀들과 남편을 비롯한 가족이 엄마의 나라, 아내의 나라에 대해 이해하며 소통하는 계기가 되고 있다. 성남시 농업기술센터는 베트남뿐만 아니라 다른 나라출신들도 참여할 수 있도록 확대해 나갈 계획이라고 한다.

다문화감성지수 높이기 캠페인

문화체육관광부가 '모두 다르고, 모두 소중하고'를 주제로 다음세대재단(www.daumfoundation.org), 다음커뮤니케이션(www.daum.net)과 공동으로 국민 다문화캠페인을 벌였다. 2009년 11월 22일에 3주간 진행된 이 캠페인은 기존에 결혼이주여성 및 다문화가족에 집중되어온 다문화정책에서 탈피해, 이주민과 일반 국민들이 함께하는 다문화감성을 키우고 이해를 높이기 위해 기획되었다. 특히, 국제화, 개방화를 통해 이미 다문화사회로 접어든 우리 사회에서 미래를 이끌어나갈 젊은 층 및 네티즌들이 다양한 다문화콘텐츠를 즐기고 함께 만들어 볼 수 있도록 기획되어 많은 이들이 자발적으로 참여할 수 있었다.

다문화캠페인의 세부 프로그램을 보면 다문화를 바라보는 스스로의 생각과 정서를 재미있는 퀴즈를 통해 알아 볼 수 있는 '다문화 마음(감성)지수'를 테스트해 보고, 점수에 맞게 다문화 이해도를 높일 수 있는 도서나 영화 추천 등의 코너가 마련되었다.

몽골, 베트남, 필리핀 등 아시아 여러 나라의 그림 동화를 만나볼 수 있는 '아시아 그림동화' 읽고 감상평 쓰기, 전국의 다문화 맛집, 박물관, 문화원, 도서관, 다문화공동체, 다문화지역센터 등 다문화를 체험할 수 있는 장소를 '다음 지도 서비스'와 연계해 보여주는 '다문화 지도', 관련 장소 체험 리뷰를 보거나 작성할 수 있는 '다문화체험 리뷰' 등이 있다.

다음세대재단은 다문화캠페인과 동시에 아이들이 글로벌 시민으로 자랄 수 있도록 다양한 문화체험의 기회를 제공하는 '다문화 체험기금' 모금을 함께 진행하였다. 희망모금을 통해 조성된 기금은 다문화 인권교육과 다문화엄마들이 준비하는 인형극 및 연극, 어린이도서관의 아시아 동화와 전통놀이 체험 등의 프로그램 지원에 사용될 예정이다.

문화체육관광부는 3주간에 걸쳐 진행된 다문화캠페인에 참여한 네티즌들의 성별, 연령별, 세대별로 다문화지수 결과와 네티즌의 다양한 의견을 분석해서 내놓았다. 이와 함께 '아시아 그림동화' 및 '다문화지도' 등 콘텐츠를 지속적으로 축적하고 다문화 및 교육단체 등에 보급해 다문화 이해를 확산할 계획이다.

문화체육관광부는 다문화캠페인을 지속적으로 전개해 글로벌 시대에 걸맞는 우리 시민들의 다문화 감성을 높여 나갈 예정이며, 이를 통해 다름에 대한 이해와 존중의 문화가 형성되고, 다양한 이들이 보다 창의적으로 함께 살아가는데 기여할 것으로 기대하고 있다.

따뜻한 다문화사회 만들기 Rainbow⁺Korea 프로그램

따뜻한 다문화사회 만들기는 다문화가족들이 우리 사회에 성공적으로 정착하고 특히 자녀들이 글로벌 인재로 성장할 수 있도록 지원하는 프로젝트이다.

보건복지부는 따뜻한 다문화사회 만들기를 통해 지속적으로 증가하는 다문화가족을 지원하기 위해 결혼이민자의 초기 사회적 응뿐만 아니라 사회경제적 활동과 자녀의 건강한 성장 등을 포함한 통합지원사업을 추진할 계획이다.

이를 위해 2009년 전국의 다문화가족에 대한 현황조사를 실시하고, 다문화가족지원센터의 역량을 강화해 조기적응 지원뿐만 아니라 고용지원센터 등과 일자리 연계 협력체계를 구축하게 된다.

따뜻한 다문화사회를 만들어 나가는 데 있어 정부는 정책을 수립해 집행하고 여기에 국민과 기업과 시민단체 등이 동참해 다문화가족을 따뜻한 시선으로 대하며 도움의 손길을 보낸다면 좋은 결과를 얻게 될 것이라고 생각한다.

국가브랜드위원회는 국가브랜드 가치제고를 위한 10대 과제 중의 하나를 '다문화 포용'으로 정하고 보건복지가족부가 실시하고 있는 '따뜻한 다문화사회 만들기' 프로젝트에 적극적으로 참여하고 있다.

다문화가족은 민간외교관으로 각 나라와 한국을 이어주는 가교 역할을 한다. 그들이 한국에 대해 어떤 생각을 갖고 있느냐에 따라 세계인에게 한국의 이미지는 크게 달라진다. 해외 인재유치도 중요하지만 국내에 체류하는 외국인들의 문화를 존중하고 배려하는 따뜻한 다문화사회를 만들어 나가는 것은 국가의 경쟁력과 브랜드가치를 높이는 일이 된다. 또한 세계인이 오고 싶어 하며 살고 싶어 하는 나라, 더욱 사랑받는 글로벌코리아로 나아가는 길이 될 것이다.

다문화사회 이해 전문강사 양성교육

다문화사회가 되면서 다문화가족 관련 업무를 진행하는데 있어 전문화가 필요하다는 점에서 전문가 양성교육의 필요성이 대두되었다. 사회통합교육을 진행하고 다문화사회 전문인력풀을 확보하며 네트워크 강화를 위해 법무부, 다문화가족센터 등에서 '다문화사회 이해 전문강사 양성교육'을 실시하고 있다.

법무부는 2008년부터 '사회통합교육'제도를 마련해 국적취득을 원하는 외국인들의 필수과정으로 도입하기 위해 준비해 왔다. 이에 따라 2008년 12월부터 현재까지 국내 각 대학에 위탁해 '다문화사회 전문가 양성교육'을 실시한 바 있으며 여기서 양성되는 전문가들에게는 일정한 국가자격을 부여해 '사회통합교육'과정과 내국인을 상대로 하는 다문화시민교육에 투입하고 있다.

보건복지부의 지원으로 2008년부터 중앙건강가정지원센터 교육장에서 다문화사회이해 전문강사 양성교육이 이루어지고 있다. 이 교육에는 다문화가족지원사업 관련 종사자 74명이 참여하였다. 본격적인 다문화사회를 대비한 전문가양성교육을 통해 기관역량을 강화할 수 있었으며 다문화사회전문가 인력네트워크를 확보하고, 구성할 수 있게 된 것으로 평가되었다.

4장 다문화사회, 더 생각해 볼 과제들

1. 더 많은 노력이 필요한 다양한 문제들

결혼이주여성의 그랑프리상

한국에 시집와서 헌신하고 봉사하면서 어려운 역경을 잘 이겨 낸 결혼이주여성들을 위한 제2회 외환다문화가정대상(결혼이주여성의 그랑프리상)[6] 시상식이 올 6월 25일 외환은행 회의실에서 있었다. 2009년도 6월 제1회 대상을 받은 한 결혼이주여성은 어눌한 말투로 천천히 감사의 인사말을 전했다.

"정말 정말 너무 너무 힘들어요, 시부모님 모시고, 남편 병 간호해주고, 애들 키우고, 농사일 하고, 정말 정말, 너무 너무 힘들어 죽을 것 같아요. 저는 이런 상 받을 사람 아니에요, 자격 없어요. 감사해요."

결혼이주여성 친정 보내주기 운동, 간혹 매스컴을 통해서 들어오던 사업이다. 그런데 이러한 사업이 구체화되어 실현되고 있다. 외환은행나눔재단(이사장 Richard F. Wacker)[7]에서는 2009년 외환다

---

6) 결혼이주여성의 그랑프리상이란 명칭은 필자가 붙인 것이다.

7) 외환은행은 2005년 12월 금융권 최초로 자선 공익재단법인인 한국외환 은행나눔재단을 설립 운영 중에 있다. 2009년부터는 외환다문화가정대 상을 신설하여 이주여성들에게 친정보내주기 사업을 전개하고 있다. http://www.kebfoundation.org/main.asp

문화대상을 만들어 행복가정상, 행복도움상, 희망가정상 등으로 20여 가정의 결혼이주여성을 선발해 시상하고 있다. 그들에게는 친정에 보내주거나, 임신 등의 경우에는 그 기금으로 가족을 초청해 한국의 사돈들과 친분을 쌓을 수 있는 기회를 제공하고, 일부 대상자들에게는 격려금으로 상금을 지원하고 있다. 외환은행나눔재단에서 이러한 사업을 정기적인 사업으로 시작하게 된 것은 매우 바람직한 일이라는 생각이 든다.

결혼이주여성 가족에 대한 부정적인 기사가 보도가 많이 되는 현 시점에서, 한국 사회에 잘 적응해 살아가고 있는 이주여성들을 발굴해서 시상하고 격려해 주는 일이 무엇보다 필요하기 때문이다. 그러나 외환은행나눔재단에서 매년 지원하는 20여 가정만으로는 부족하다는 생각이 든다. 더 많은 기업이나 종교단체 등에서 민간외교 차원에서 결혼이주여성들을 지원하는 사업이 더 많이 전개되기를 기원하고 싶다.

또한 우리나라에 시집와서 역경을 잘 이겨낸 이주여성들을 격려하는 외환다문화대상도 매우 중요하지만 각 지역별로 리더가 될 만한 인물들을 선정 대학이나 대학원 과정에서 공부를 시켜 지도자를 육성하는 장학지원사업도 시도해 볼 만할 것이다.

2010년도에 제2회 외환다문화가정대상을 받은 베트남 출신 L여성은 2003년 어린 아들이 하나 있는 19세 연상인 남편과 결혼했다고 한다. 현재는 전처의 아들과 2남. 가족을 보면 계모의 남동생 1명과 여동생 1명이 있다. 시골에서 사과와 자두농사를 짓고 있는 남편과 겨우 생계를 유지하며 살아 왔다. 그러면서 30분 걸려야 갈 수 있는 다문화가족센터에 가서 한국어도 배우고 한국에서 자립적인 생활을 하기 위해 노력해 왔다.

그런데 2009년 5월 남편이 간경화로 사망하게 된다. 남편이 세상을 떠난 뒤 계모는 얼마 되지 않던 남편의 집과 땅도 전부 자기 딸에게 넘겨주어 재산은 무일푼 상태이다. 현재 초등학생 3학년과 유치원생 1명을 둔 L여성의 수입은 기초수급대상자로 선정이 되어 정부에서 지원하는 비용과 통역 아르바이트로 겨우 생계를 유지하고 있다.

딸의 소식을 들은 친정어머니가 한국을 방문해 이렇게 사느니 차라리 베트남에 가서 같이 살자고 권유했지만 L씨는 어떻게 해서든지 한국에서 꼭 자립해 보겠다는 의지가 매우 강한 여성이다. 그의 성실성이 인정되어 주변의 다문화가족센터의 추천으로 상을 받게 되었다.

L여성이 작성한 수기 일부를 인용 요약하면 다음과 같다.

"외로워도 슬퍼도 나는 안 울어, 참고 참고 또 참지 울긴 왜 울어. 요즈음 이 노래가 나는 너무 좋습니다. 참 시간이 빨리 흘러가는 것 같습니다. 제가 한국에 시집와서 7년째 봄을 맞이하게 되었습니다. 옛날에 동네 아주머니들이 꼬마 아가씨라고 불렀는데 어느덧 두 아이의 엄마가 되었습니다. 옛 추억들을 떠올리고 싶어서 봄바람을 쐬러 마을 촌길을 걸어 보았습니다. 7년이란 세월동안 너무나 많은 변화가 있었는데 비가 오고 눈이 와도 마을은 변함없는 그 옛 마을이었습니다.

풍경은 변함없지만 저의 삶은 그때와 지금이 너무나 다릅니다. 그때는 뭐든지 새롭게 보이기만 하고, 신기한 것이 많고, 궁금해서 이곳과 친해지고 싶었습니다. 그렇지만 지금은 왠지 허전하고, 외롭고 어깨가 무겁습니다. 추억을 되새기는 일은 즐거운 일이라는데 제게 추억은 가슴 한곳에 시린 겨울바람이 차고 드는 기분이랍니다.

그러던 중 제 삶에 큰 슬픔이 찾아왔습니다. 어느 날 남편이 몸이 안 좋아 건강검진을 했더니 간경화 말기였습니다. 큰 아들은 언젠가는 알게 되겠지만 아직 제가 친엄마가 아니라는 것을 모르고 있습니다.

어느 날 밤늦게까지 일을 하고 돌아오니 애들이 높은 벽장 속에 있는 이불을 어떻게 꺼냈는지 이불을 펴고 자고 있었습니다.

베트남의 친정어머니는 가끔 연락이 옵니다. 그곳에서 고생하지 말고 베트남에 와서 같이 의지하면서 함께 살자고. 그렇지만 저는 그렇게 할 수 없습니다. 제가 이렇게 살다 돌아가면 한국에 대한 이미지만 나쁘게 심어 줄까봐 힘들어도 버티면서 조금씩 더 씩씩해져서 스스로 일어서고 싶습니다.

이대로 불행을 인정하고 싶지 않고, 불행 속에서 진정으로 행복을 찾으려고 합니다. 그동안 계속해서 노력했던 것처럼 앞으로도 그렇게 살아가려고 합니다. 아픈 만큼 강해지고 힘든 만큼 성숙해질 것이라고 생각하고 있기 때문입니다(제2회 외환다문화가정대상신청자료, 2010)."

다문화사회의 귀감이 되는 외국인이주노동자나 결혼이주여성들을 대상으로 또한 다문화사회를 위해 노력하는 한국인들을 대상으로 하는 더 많은 상들이 제정되었으면 하는 바램이다.

부부싸움 통역봉사활동

유학생 시절 통역할 기회가 있었다. 나의 전공은 사회복지학인데 그날의 통역은 한국치과의사협회의 임원진들에게 치과에 관계되는 기자재 설명 및 회의에 관계되는 내용을 통역하는 일이었다. 통역을 하긴 했지만 통역하면서 용어가 어려워 진땀을 많이 흘렸던 일이 생각난다.

우리나라에 결혼이주여성이 늘어나면서 먼저 시집와서 살고 있는 이주여성들은 간혹 부부싸움에 통역봉사를 나가기도 하는데, 부부싸움 통역을 하는데 많은 어려움이 있다고 고백한다. 부부싸움 통역봉사를 나가서 쉽게 접할 수 있는 사례 몇 가지를 소개하면 다음과 같다.

첫째는 음식물을 알뜰하게 처리하지 못해 시어머니의 구박이 결국 부부싸움으로 전개된 경우이다. 열대지방에서 한국에 시집 온 이주여성들은 음식물은 한번 차려서 먹은 후 남은 것은 버린다. 그러니까 먹을 만큼만 차리고 나머지는 버리는 것이 관례화 되어 있다. 그러나 우리나라는 먹다 남은 반찬은 정리해서 다시 랩을 씌워서 냉장고에 보관했다가 다시 먹는다.

어느 날 시어머니는 몇 번씩 이주여성 며느리에게 잔소리를 하다가 나중엔 어머니가 급기야 아들에게 꾸중을 하면서 부부싸움으로 전개된 경우이다. 이주여성은 왜 남편까지 어머니 편을 들며 화를 내는지 몰라 선배 통역자들이 몇 차례에 걸쳐 통역을 하면서 한국문화를 이해하게 된다.

베트남이나 필리핀 등 열대지방에서 시집 온 이주여성들이 모이는 자리에서 한국의 시어머니나 가족들에 대해 흉을 볼 때가 있다. 그때 화제가 되는 것이 한국 사람들의 음식문화라고 한다. 한국 사람들의 알뜰함이 그들에게는 꽤나 쫀쫀하고 쩨쩨하게 보인다는 것이다.

둘째는 컬렉션이 부부싸움으로 전개되는 경우이다. 이주여성들의 나이는 대개 20대 전후가 많은 편이다. 우리나라의 대학 1, 2년생으로 보면 될 것이다. 그런데 남편과의 나이차는 작게는 10

세에서 많게는 30세까지 차이가 난다. 이주여성들은 시장에 나갔다가 한국의 작은 기념품에 관심이 있어 구매를 해서 집안에 정리를 해 놓는다. 그런데 남편이 화가 나면 이주여성이 애써 모아놓은 컬렉션들을 집어던져 부부싸움이 일어난다.

셋째는 이주여성의 외모 가꾸는 일이 부부싸움의 원인이 되기도 한다. 20대 전후의 이주여성들은 한창 화장이나 옷을 차려입는다든지 외모를 가꾸고 싶은 나이이다. 그러나 남편이나 가족들은 이주여성이 외모에 신경을 쓰면 불안해하기 시작한다. 그러다 조금이라도 의처증 증세가 있는 집에서는 부부싸움이 거의 매일 일어나다시피 한다. 외모 가꾸는 일로 부부싸움이 일어나는 것은 비교적 잘 살고 있는 다문화가정에서도 자주 생기는 편이다.

넷째는 부부관계를 거부해서 부부싸움이 일어난다. 이주여성들은 남편에게 불만이 있을 때, 남편이 부부관계를 요구해도 거부하는 것으로 자신의 의사를 표현하기도 한다. 부부관계를 거부하는 원인은 상황에 따라 매우 다양한 이유가 있다. 통역봉사자들에 의하면 부부관계를 거부해서 일어나는 부부싸움의 경우도 통역하기가 매우 어려운 사례 중의 하나라고 전하고 있다.

다섯 번째는 집안일을 별로 도와주지 않는 남편 때문에 싸움이 일어나기도 한다. 이주여성들은 그들 나라가 우리보다는 경제적인 상황은 안 좋을지 몰라도 가사분담 만큼은 우리보다 앞서가는 나라에서 살다 왔다. 우리나라의 경우 대개 부인이 출산한지 얼마 되지 않았는데 남편이 별로 도와주지 않아서 부부싸움이 많이 일어나기도 한다.

여섯 번째는 다문화가족들로부터 가장 많은 부부싸움 통역의뢰는 폭력과 폭행이 일어날 때 가족들로부터 연락이 오는 경우이다.

의사소통이 안 되는 부부가 서로 자기가 사용하고 있는 언어로 큰 소리 치며 싸우고 있는 것을 보면 통역자들은 매우 곤혹스러워진다. 가정폭력이나 폭행의 경우 시부모나 그의 형제들이 분가해서 살 경우에는 이웃들이 신고를 해 준다. 의사소통이 안 되는 상태에서 하는 부부 싸움은 더 격렬해지기도 한다.

늦은 밤, 부부싸움을 전화로 통역하는 사례는 비교적 양호한 사례라고 할 수 있다. 막상 현장에 가서 봐도 싸움이 격하게 일어날 때는 어떻게 통역을 해야 할지, 통역자도 매우 난처하고 곤란한 경우가 많다고 한다. 이런 경우를 보면서 우리말로 크게 소리치고 싸울 수 있다는 것이 얼마나 행복한 것인지 깨닫게 된다.

차 정비공장에 근무하는 어느 남편의 얘기를 들어보면 본인이 늦게 귀가할 경우를 생각해서, 아내의 나라말 중 중요한 문장과 단어를 미리 메모해 둔 수첩을 보며 읽는다고 한다. "여보, 나 오늘 차 정비관계로 밤 11시까지 들어갈게. 알았지. 조금만 기다려. 사랑해."라고. 또한 "오늘 수고 많았지. 오늘 조금 피곤해 보이네."라는 말로 사랑을 표현하고 격려하면서 비교적 행복한 가정을 이끌어가고 있는 부부도 있다.

다문화사회, 정말 다양하고 생각지도 못한 일들이 우리 사회의 어느 곳에선가 계속 일어나고 있다. 앞으로는 부부싸움 통역 매뉴얼의 제작도 필요하다는 생각이 든다. 상황에 따라 단순하게 통역만 하는 것이 아니라 통역도 하고, 위기가정에 개입해서 상담하고 치료하는 효과까지 볼 수 있는 일석이조의 교재 같은 것 말이다.

다문화시대의 다문화군병력
군대를 배경으로 하는 할리우드 영화를 보면 다양한 인종이

나오며 그들이 빚어내는 하모니는 영화의 극적인 재미를 더해준다. 이와 달리 국내에서 제작되는 군인과 관련된 영화에는 단일한 혈통의 한국인만이 등장한다.

하지만 이제 우리 군 영화에도 변화의 바람이 불어올 것 같다. 부와 모의 국적이 다른 다문화가정의 자녀들이 군에 입대하는 시기가 멀지 않았기 때문이다. 1990년대 초에 결혼한 이주여성들의 자녀들이 우리 군에 입대할 나이가 된 것이다.

지금은 시작에 불과하지만 앞으로 다문화가정 자녀들의 군 입대는 빠르게 증가할 것으로 예측하고 있다. 국방부에서는 이미 다문화시대에 입대하는 다문화가정 자녀들에 관한 연구를 진행해 왔는데, 2011년부터 다문화가정 자녀들도 군 입대를 할 수 있도록 제도화되었다.

"지난달 서울병무청에서 신체검사를 받기 위해 찾아온 김OO(18) 씨. 징병검사를 받는 대상자의 신상명세서에 성명과 주소, 자격과 면허 등 관련사항을 기록하기 시작했다. 꼼꼼히 작성하던 김씨는 출생국가란을 작성하는 순간 잠시 멈칫했다. 출생국가란은 부모 중 한 사람이 외국인인 경우 출생국가를 기록하게 되어 있는 칸으로 김씨는 생김새나 언어 중 별다른 차이를 발견할 수 없지만 어머니가 베트남사람인 다문화가정의 자녀였기 때문이다.

신상명세서에 부모의 출생국가란이 표기된 것은 2010년 2월부터이다. 평등권이 아니냐는 반론도 있었지만 국가인권위원회에 조회한 결과 다문화 장병 부모의 출신국가 파악은 군 적응을 배려하기 위해 개인정보 수집 목적의 명확성과 개인의 판단에 따른 자기결정권을 인정하는 범위에서 최소한의 수집으로 인권침해에 해당되지 않는다는 결론에 의한 것이다(이주형, 2010)."

이러한 현상을 보면서 2009년 1월, 말레이시아 마라대학에서 그곳 학생들과 워크숍을 하면서 친선교류를 나누었던 일이 생각이 난다. 그때 마라대 학생들은 "나는 인도계 아버지와 중국계 어머니 사이에서 태어난 00"이라고 참석한 모든 학생들이 돌아가면서 자연스럽게 자기소개를 했다.

출신지역도 아닌 부와 모의 국적을 자연스럽게 말하던 마라대학 학생들의 모습을 보면서 조금은 충격을 받았다. 그런데 우리나라의 다문화가정 자녀들의 모습은 어떠할까. 미리 짐작하건대 신상명세서에 부와 모의 국적을 자연스럽게 작성하기까지는 현재 우리나라 문화에서는 매우 망설여질 것이라는 생각이 든다.

그러나 이러한 과정도 우리 사회가 다문화사회가 되어가면서 넘어야 할 산이다. 말레이시아 마라대학의 학생들처럼 자연스럽고 당당하게 우리 아버지는 인도계 출신, 어머니는 중국계 출신 하는 식으로 말이다.

"행정안전부 자료에 의하면 2009년 5월 파악한 다문화가정 출신 남자는 5만5천여 명에 이른다. 이 가운데 올해부터 2012년까지 징병검사 대상인 17~19세는 3천4백여 명, 14~16세는 4천1백여 명, 8~13세는 2천4백여 명, 7세 이하는 4천6백여 명이다. 일반가정의 출산율이 1.2명인데 비해 다문화가정의 출산율은 2.3명(2008년 기준)인 것을 보더라도 앞으로 다문화가정 출신 장병들의 입영은 계속 증가할 전망이다.

또한 지난해 말 병역법 개정에 따라 인종이나 피부색 등으로 병역수행에 영향을 받을 것으로 인정되는 사람들에게 현역 입대를 피할 수 있도록 했던 규정이 삭제되었다. 즉, 이들은 제2 국민역으로 편입되어 군 복무를 하지 않았다. 하지만 병역법 개정에 따라 다문화가정의 흑·백인계 혼혈 남성들도 징병검사에서 현역 입영 판정을 받으면 내년 1월부터 모두 현역으로 입대하게 된다(이주형, 2010)."

현재 우리나라 병역법에서는 생활시설인 아동복지시설에서 5년 이상 입소하여 생활한 청소년들은 군 입대를 하지 않도록 되어 있으며, 5년 미만 동안 입소해서 생활한 청소년들은 군 입대를 하도록 되어 있다. 현재 군 병력이 점점 줄어드는 시점에서 생활시설인 아동복지시설에서 5년 이상 입소해 생활한 청소년들이 군 입대를 하지 못하도록 한 규정도 점차적으로 군에 갈 수 있도록 일부 개정할 필요가 있다고 본다. 최근의 아동복지시설은 1950년대나 70년대, 우리들이 생각하던 고아원이 아니기 때문이다.

우리나라 군의 다문화는 단순하게 다문화가정 자녀만이 군에 가는 것으로 그치지 않고 있다. 국방부 자료에 의하면 금년 5월을 기준으로 이미 중국이나 일본, 베트남 등 아시아 지역과 미국, 브라질, 노르웨이 등 서구, 우즈베키스탄 등 러시아 권의 여성들과 국제결혼을 한 간부나 군무원들도 124명이나 된다.

다문화사회와 군 병력의 다문화는 이제 피해갈 수 없는 시점이 되고 있다. 단일민족이 근무하던 군 병력의 형태가 다양한 인종이 근무하는 군으로 변화해 나가고 있는 것이다. 그들을 어떻게 지도 하느냐에 따라 더욱 강해질 수도, 또한 경우에 따라 약하고, 갈등이 많은 군으로 변모할 수도 있다. 우리군도 다문화사회의 진행과 함께 더욱 강한 다문화가족의 군으로 변모해 가기를 기대한다.

다문화시대의 외교관

필자가 김해성 목사를 처음 만난 것은 2000년대 초였다. 그 당시 경기도사회복지공동모금회에서 외국인노동자들을 위한 사업을 지원해 주고, 그 비용이 어떻게 잘 활용되고 있는지 확인차 방문하였다. 당시 성남에서 외국인노동자센터를 운영하고 있던 김해성 목사 사무실을 방문했었는데, 여러 가지 사업을 확인하고 설명을 듣던 중 사무실 한편에 자리 잡고 있는 항아리가 보였는데 물어보니 유골함이라는 것이었다. 한국에 와서 일을 하다가 질병으로 또는 산업재해로 사망하게 된 노동자들을 화장하여 가족들에게 찾아가도록 주선하는 일을 하고 있었다. 그러나 가족들에게 연락을 해도 찾아가지 않는 유골함은 어쩔 수 없이 사무실 한편에 보관하고 있는 것이었다.

다음은 김해성 목사가 경험한 또 다른 사례를 소개하고자 한다.

1990년대 후반 어느 추운 겨울날, 경기도 광주에 갔다가 오는 길에 그는 얼굴이 시커멓고 의복이 허름한 외국인 2명을 만나게 된다.

그들은 버스정류장에 서 있었는데 얼마 전 스리랑카에서 한국에 왔고 직장을 구하고 있는 중이라고 하였다. 곤란에 처해 있는 그들을 차에 태워 센터로 데려가서 재워주고 직장도 구해 주었다. 그 일이 계기가 되어 그가 운영하는 센터에 스리랑카 노동자들이 몰려들기 시작했다.

이 이야기의 주인공은 다름 아닌 김해성 목사이다. 그는 대학졸업 후 줄곧 외국인노동자운동을 해 왔으며 현재는 지구촌사랑나눔운동 한국외국인근로자지원센터 대표로 근무하고 있다.

날이 갈수록 센터에 드나드는 스리랑카 노동자 수가 늘어나 200여 명에 이르게 되자 김 목사는 그들을 위해 작은 파티를 준비했다. 그때가 2003년 4월이었는데 스리랑카 설날을 맞아 행사를 마련한 것이다. 그런데 한 스리랑카 노동자가 자신의 작은 아버지를 파티에 초청해 줄 수 있겠느냐고 했다. 작은 아버지는 당시 스리랑카 야당 국회의원이었다.

김 목사는 그의 작은 아버지를 초청해 극진하게 대접을 했고 이후에 초청을 받아 스리랑카를 다녀오기도 했다. 그런데 이 야당 국회의원이 스리랑카의 대통령이 된 것이다.

2004년 말 스리랑카에 지진해일(쓰나미)이 일어났을 때 김 목사는 고려대의료원 의료진과 같이 가서 한 달간 진료지원을 했다. 이뿐 아니라 430만 달러어치의 의료품과 생필품을 전달하기도 했다. 한국기독교총연합회를 설득한 것이다. 라자팍세 대통령은 당시 국무총리였다.

스리랑카 노동자를 사랑으로 보듬어 준 그는 그들 나라에 가면 극진한 대우를 받는다. 최근에는 코끼리 암수 한 쌍을 스리랑카 대통령으로부터 선물로 받았다. 코끼리는 국가 간 친선의 표시로 사용되는데 아주 특별한 선물이다. 우리나라의 동물원에는 가임 능력이 있는 암코끼리가 없어 코끼리의 씨가 마를까 봐 애를 태우고 있었는데 김해성 목사로 인해 그 문제가 해결된 것이다.

김해성 목사는 방글라데시와도 특별한 인연을 맺고 있다. 한국에서 사고나 질병으로 사망한 방글라데시 노동자들의 시신을 수습해서 본국의 가족들에게 돌려보내는 일을 하고 있는 것이다. 그동안 김 목사가 수습한 시신이 1,500구가 넘는다고 한다.

타국에서 목숨을 잃는 안타까운 일을 당한 그들을 위해 김 목사가 팔을 걷어붙이고 나선 것. 그가 이런 일을 도맡아 하지 않았다면 반한 감정은 거세졌을 것이다. 한 사람의 희생과 사랑의 실천은 이렇게 기적을 일구어 내고 있다.

김해성 목사는 인간애를 바탕으로 다문화시대 민간 외교관으로서 톡톡히 그 역할을 하고 있는 것이다.

후안 마이 신부의 편지

지난 7월 한국에 온 지 7일째 되는 날, 남편이 휘두르는 흉기에 찔려 스무 살의 베트남 신부 탁 티 홍 응옥 씨는 인생의 꽃을 제대로 피워보지 못한 채 세상을 떠났다. 남편이 정신질환자라는 것을 모르고 결혼을 했던 이 베트남 여성은 처참하게 삶을 마감해야 하였다.

2007년 남편에 의해 살해된 열아홉 살의 베트남 여성 후안 마이의 기억이 채 사라지기도 전에 또 다시 이런 일이 일어났다는 사실은 잘못된 국제결혼의 폐해가 얼마나 큰지 여실히 보여주고 있다. 이 사건은 우리 사회에 큰 파장을 일으키고 있을 뿐만 아니라 피해 여성의 국가인 베트남과는 외교적 마찰을 빚고 있기도 하다.

베트남의 매스컴에서는 대대적인 보도를 하고, 한국인과 국제결혼을 할 때 주의할 것을 당부한 바 있다. 또한 베트남 정부에서는 불법으로 결혼중개를 하는 업체들을 강력히 단속하기도 했다. 동남아 여성들과의 국제결혼으로 인해 한국의 이미지가 손상되는 사회적 현상이 일어나고 있는 것이다.

결혼 성사만을 위해 신랑에 대한 정확한 정보를 제공하지 않는 결혼중개업체의 관행이 바뀌어야 하며, 근본적인 문제 해결을 위해 다문화정책 등 제도적인 장치를 마련해 나가는 것이 절실히 요구된다.

후안 마이 신부가 숨지기 하루 전날, 남편 앞으로 남긴 한 통의 편지는 시간이 흘렀어도 지금도 이 땅에서 수난을 당하고 있는 외국인 신부들의 서러움과 소박한 바람을 그대로 전하고 있다.

다문화사회를 살아가면서 우리의 가족이자 동반자인 결혼이주 여성들을 어떻게 대하며 살아갈 것인지 많은 것을 생각하게 한다. 그 전문을 소개하며 원문을 살리되, 이해되지 않은 부분은 문맥을 부분 수정했음을 밝혀둔다.

남편에게

나는 지금 너무 슬프다.
나는 한국에 올 때 한국 생활을 몰랐다.
내가 기분이 안 좋으면 당신은 나에게 물어봐야지.
남편은 왜 나에게 삐졌어.
당신 아니? 여자(미혼)나 아줌마(기혼)나 가족에게 이해해 주고 어려운 일 의논해 주고 서로 마음 알아주는 것이 제일 아껴 주는 것이다.

베트남에서 나의 성격은(태어나서 지금까지 자신의 성격) 아직 남편을 이해할 수 없고, 힘들 때 몸이 허약할 때 남편에게 이야기하고 싶지만 남편이 집에 돌아오면 당신은 기분이 안 좋아 보이고 불편해 보인다.
나는 남편이 밖에서 힘들게 일하고 고생하며 일하는 것을 안다.
나는 좋은 엄마, 좋은 아내가 되기 위해 많이 노력했다.
나중에 따뜻한 가족 원한다. 나는 당신에게 많은 이야기하고 싶다.
그런데 나는 학교에 왜 못 가는지 이해할 수 없다.

나는 다른 여자들처럼 남편에게 무슨 음식 먹어. 무슨 술 마시고 식모처럼 잘해주고 싶다.

가끔씩 나는 당신이 밖에서 오늘은 무슨 일이 있었는지,
어떤 음식을 먹었는지, 몸이 건강한지, 밤에는 잠을 잘 자는지
물어보고 싶다.
당신이 나에게 여러 일들을 가르쳐 주면 좋겠다. 내가 여러 가지
일을 잘하면 당신이 기분이 좋으니까 나는 이것을 원한다.

그런데 당신은 왜 나에게 무관심해. 내가 잘못하는 것이 뭐야.
왜 당신 기분이 안 좋은 거야.
나의 꿈은 한국에 와서 행복한 가족, 남편과 이야기 하고 슬플
때 기분이 좋을 때, 어려울 때 남편이 이해해주고 의논하고 싶다.
그런데 무슨 일이 조금만 있어도 기분이 안 좋으면 이혼하자. 이것
은 안 된다. 서로 이해할 수 없으면 당신은 남편이 아니고, 다른
사람들과 똑같아.
당신은 혼자 아니고, 다른 사람들처럼 여자 인생에서 결혼은 큰일
이다.
당신은 아니?

당신은 좋으면 결혼하고 안 좋으면 이혼하고 그러면 안 된다.
당신 이렇게 하면 좋은 남편 아니다.
나는 당신보다 나이가 적지만 어떻게 정을 주면서 살아야 하는지
나는 알아.
한 사람이 결혼할 때 다 좋은 것이 아니다. 장점도 있고 단점도
있고 100% 좋은 것 없다. 그것 이해하세요.
어느 부부는 이해 없고 서로 사랑 없기 때문에 이혼한다. 만약에
누구나 그 사람을 이해하고 동감하면 다 용서해 준다.
용서한 후에는 신경 쓰지 않는다.

누구나 사람들은 무슨 말이든 안 맞는다고 생각하지만
사실은 아니다. 만약에 그런 성격은 버려라. 그것 때문에

부부사이가 안 좋아.

나는 결혼할 때 시어머니, 시아버지가 안 보여서 너무 슬펐다.
왜냐면 당신은 내가 좋아서 결혼했다.

당신은 누구든 좋아서 선택했고 결혼했다.
나는 결혼하기 전에 호치민에서 일을 했다.
당신은 알았어. 당신은 베트남 우리 집에 왔었잖아.
그때 내 가족은 어려움 있었다.

가족 위해 나는 고생스러운 일을 많이 했지만 월급은 적었다.
어느 땐 냉동식품회사에서 일하고 어느 땐, 가구공장에서 일하고
어느 땐 고무공장에서 일했다. 일 없으면 남의 논밭에서 일했다(벼
도 베고 탈곡도 하고 볏짚단도 말리고). 베트남에서 힘든 일 많이
했지만 생활비로 다 쓰고 남는 돈이 없었다.

나는 한국에 와서 남편의 이해만 받기를 기대했다.
이것만 필요하고 다른 것은 필요 없다.
나는 고생스런 일과 힘든 일을 잘 안다.

나는 베트남에 가게 되면 당신에게 화내지 않고 용서한다.
나는 만약에 당신이 다른 여자 만나 궁합(예를 들어
무슨 띠인지)이 맞으면 나보다 더 이해하고 사랑한다.
나처럼 하지 않는다. 당신의 좋은 꿈이 다 이루어지고
잘살게 되기를 기도한다.

나는 베트남에 가서 일을 시작하고 나를 키워주신 부모님
에게 잘하고 싶다. 나중에 나는 좋은 삶을 원한다.

나는 한국에 와서 당신에게 이야기 많이 하고 싶지만 그런데 갑자기 안 된다. 하느님이 나에게 장난치고 있다.

그런데 사실은 지금까지 내가 무슨 말이든 무슨 글을 쓰는지 당신은 몰라요.

2007.06.25. 후안마이

제3세계 슈바이처의 국내교육

우리나라가 해외봉사를 공식적으로 시작한 것은 1990년 유네스코 한국위원회에서 '한국청년해외봉사단'이라는 명칭으로 아시아 4개국에 44명을 파견하면서부터이다. 1991년 4월, 해외봉사단 업무가 한국국제협력단(KOICA)으로 이관되어 20여 년간 사업을 진행해 왔다. 2009년 5월, 정부파견 해외봉사단 사업은 'World Friends Korea'라는 이름으로 다시 출범하게 된다.

국내 위주의 봉사활동사업은 1990년부터 시작되어 명맥만 유지해 오다가 1997년에는 IMF 경제위기로 거의 중단되었다. 그 후 2000년대 초부터 조금씩 시작된 해외봉사활동은 2000년대 중반이 되면서 하나의 브랜드가 될 정도로 폭발적으로 증가 추세에 있다. 그만큼 우리나라의 국력이 높아진 것을 의미한다고 하겠다.

한 세미나에서 강사가 다음과 같은 퀴즈를 냈다. 세계 어느 곳에 가도 만날 수 있는 아시아계 3국의 사람은 어느 나라 사람인가라는 문제였다. 정답은 첫째는 중국인 요리사, 둘째는 일본인 관광객, 셋째는 한국인 선교사라는 얘기였다.

그렇다면 몇 년 후면 앞의 강사가 낸 퀴즈의 문제와 정답도 바뀌게 될 날이 멀지 않은 것 같다. 첫 번째 답은 한국인 선교사 대신에 해외봉사단이 되지 않을까 예측된다. 왜냐하면 한국대학사회봉사협의회, 한국정보화진흥원(한국인터넷봉사단), 코피온, 태평양아시아협회, 국제사랑의 봉사단, 한국해비타트 등의 단체에서 매년 5천여 명의 장기해외봉사단원을 파견하고 있으며 종교기관(단체)을 제외하고도 매년 1만여 명이 넘는 청소년이 단기해외봉사활동(신재은, 2010)에 참가하는 것으로 알려지고 있기 때문이다. 이를 보면 엄청난 인력이 해외봉사에 나서고 있는 것이다.

2010년 8월, 제4회 전국자원봉사컨퍼런스에서는 1인당 150만 원에서 200만 원씩의 경비를 들여가면서 매년 1만여 명의 단기 해외봉사가 과연 필요한 것인가라는 주제로 분과세미나가 개최되었다. 결론이 나지 않는 찬반양론의 의견들이 논의되었지만 나름대로 의미 있는 주제의 세미나였다는 생각이 든다.

보건의료진의 해외봉사활동도 마찬가지일 것이다. 정확한 통계는 알 수 없지만 최근 들어 정부출연기관, 유관단체, 종교단체 그리고 의료계에서도 단기 해외봉사활동을 활발하게 전개하고 있다. 아주대학교병원(의무부총장 겸 의료원장 소의영)에서도 2000년대 중반부터 단기해외의료봉사활동을 전개해 왔다. 이 과정에서 단기해외의료봉사활동에 많은 비용을 들여 다녀오는 해외의료봉사활동도 나름대로 의미가 있지만, 제3세계 보건의료 인력들을 국내에 초청하여 한국의 의료기술을 전수하는 것이 효과 면에서 더 좋겠다는 결론을 얻게 된다.

이에 따라 사업을 기획하던 중, 재단법인 대우재단(이사장 김우한)의 지원으로 2009년부터 베트남 의사 4명(종양혈액내과, 흉부외과, 소화기내과, 내과부)을 초청하여 1년간 장기연수를 시작하게 된다. 첫해 성공적인 연수에 이어 2010년에는 의사 8명(이비인후과, 순환기내과 2명, 치과, 비뇨기과, 알레르기 류마티스내과, 방사선종양학과, 외과)과 간호사 2명 등 모두 10명의 의료진이 아주대학병원에서 1년간 연수를 하고 있다. 연수생들에게는 항공권, 숙식제공, 생활지원금 등 연수에 불편함이 없도록 지원을 하고 있다. 또한 연수에 참여하는 의료진들은 베트남에서 한국으로 시집 와서 살고 있는 이주여성들에게 의료봉사활동도 함께 전개하고 있다. 물론 의사소통은 자국어인 베트남어로 한다. 이들 결혼이주여성들은 고국의 의료진을 만나게 되면 눈시울이 뜨거워지고 흘러내리는 눈물을 억제하느라 진료시간이 연장된다.

아주대학교병원에서 연수를 받고 있는 연수생들이 힘들어하는 계절은 베트남과 크게 기온차가 나는 겨울이다. 이에 아주대학교병원 직원들은 베트남 의료 연수생들을 위해 집에서 입던 겨울옷을 깨끗하게 세탁하고 이를 기증하여 연수생들이 추위를 잠시나마 피할 수 있도록 하기도 한다.

한편 연수생들은 한국의 선진화된 산업시설과 한국문화를 보고 배울 수 있는 문화탐방도 하고 있다. 그들이 가장 가고 싶어 하는 곳은 역시 제주도. 1기 연수생들은 아주대학교병원 관계자들과 함께 한국에서 제일 아름다운 제주도에 몸을 옮겨 한국에서 이전에 그들이 경험하지 못한 색다른 체험을 하면서 그들의 마지막 추억을 남기기도 하였다.

이제 국내의 많은 병원과 종교단체에서는 매년 작게는 4박 5일에서 많으면 6박 7일간 해외의료봉사와 해외선교봉사활동을 떠나고 있다. 오고가는 시간에 많은 시간을 빼앗기고 있지만 그래도 해외의료봉사를 기획하고 참여하면서 제3세계를 접하고 배우는 것이 의미는 있을 것이다.

그렇지만 그 중에서도 제3세계 해외전문 의료 인력들을 한국에서 장기연수를 하고 다시 파견하는 것은 우리나라 연구진이 미국에 풀브라이트 장학금지원으로 다녀오는 이상의 효과가 있을 것이다.

2009년부터 아주대학교병원에서 실시하고 있는 베트남 의료진의 국내장기연수 프로그램은 매우 뜻있는 사업이라는 생각이 든다. 그러나 대상국이 베트남에만 한정되어 있는 아쉬움이 있다. 이제 다른 병원에서도 몽골이나 캄보디아, 스리랑카, 네팔, 방글라데시 등의 국가 의료진을 초청하여 장기연수를 하는 사업이 확대된다면 다문화시대에 또 다른 네트워크가 실현될 수 있다고 생각한다.

다문화가족의 바이블

최근에 한국에 온 지 얼마 안 된 결혼이주여성들이 2000년대 초에 한국에 시집온 결혼이주여성들로부터 한국에 처음 와서 고생했던 얘기를 들을 기회가 있었다.

2000년대 초 한국에 온 결혼이주여성들은 한결같이 "우리들은 한국에 처음 왔을 때 정말 고생 많았다."라고 당시의 힘들었던 얘기를 했다. 한국어를 제대로 가르쳐주는 곳이나 상담을 받을 곳도 없었다. 또 보건소에 가도 제대로 안내는 물론 통역이 안 되어 몇 번씩 가야 했다는 것이다. 그러면서 2006년 이후 한국에 온 후배 결혼이주여성들은 "좋은 시기에 한국에 와서 좋겠다."라고 말을 했다.

최근 한국정부나 기업 그리고 민간단체에서 결혼이주여성들을 위해 관심을 갖고 다양한 프로그램을 제공하는 것에 대해 감사해야 한다는 애기도 잊지 않았다.

그런데 한국에 온 결혼이주여성들에게 가장 반가웠던 책자는 2006년 보건복지부 지원으로 한국이주여성인권센터에서 만든 결혼이주여성들을 위한 '행복한 생활도우미' 안내책자였다고 한다.

한국에 와서 고생, 고생하다가 2006년 한국생활 안내책자를 자신의 모국어인 중국어, 베트남어, 필리핀어, 영어로 읽게 되면서 너무나 반가웠다는 경험을 애기했다. 한국생활 안내책자에는 한국의 교통편, 가정생활, 한국의 문화, 음식, 육아, 기후, 의료(병원이나 보건소), 관광 등에 관한 것이 자세하게 수록되어 있다. 책자가 조금 크긴 했지만 2006년에 다문화가족들이 만난 한국생활 안내책자는 분명 그들에게 한국 생활을 안내하는 바이블이 되었다고 할 수 있다.

그런데 2006년에 제작된 책자는 너무 커서 핸드백에 갖고 다니기가 불편하다는 여론이 있었다. 이에 따라 2007년 평택대 다문화가족센터에서 보건복지부 지원으로 두 번째로 만든 '행복한 한국생활도우미'는 휴대하기 간편하고, 자료를 조금 더 보완해 7개 국어로 제작되었다.

결혼이주여성들이 한 가지 제언도 잊지 않았다. 중국어나 베트남어로 번역된 안내책자 일부에는 번역이 잘못되어 이해하기 어려운 부분도 있었다는 것이다. 그래도 한국생활에 적응하는데 너무나 많은 도움이 되어 감사하다는 말을 잊지 않았다.

그들을 보면서 필자가 2004년 연구년(안식년)을 맞아 미국 LA에 갔을 당시 운전면허 시험 볼 때가 생각났다. 캘리포니아 지역 LA에서 한국인은 한국어로 미국에서 운전면허 필기시험을 볼 수 있다고 했다. 아니 미국에서 영어도 아닌 한국어로 운전면허 시험을 보다니. 그런데 우리말로 된 필기시험을 보는데 번역원고가 잘못되어 무슨 말인지 이해가 잘 안 되는 두 세 문제가 있어 시간이 걸린 적이 있었다.

어찌 되었든 외국에 가서 모국어로 된 안내책자를 보게 되었을 때 다문화가족들에게는 그 책자가 바이블의 역할을 하게 되는 것이다.

최근에는 정부의 각 부처에서 이주노동자나 결혼이주여성들을 위한 다양한 안내책자를 만들어 내고 있는데 이에 대한 효율적인 보급 그리고 이미 제작된 내용을 또 다시 만들어 비용을 낭비하는 일은 없었으면 한다.

다문화대안학교가 필요하다

현재 우리나라에 거주하고 있는 다문화가족은 110만여 명에 이른다. 그 중 결혼이주여성이 18만여 명이며, 다문화가족 자녀들은 12만여 명이라고 한다(여성부 자료, 2010. 8). 그런데 일반 초등학교나 중학교에 진학해 적응하지 못하고 방황하는 다문화가정 자녀들이 계속 증가하고 있는 추세다. 최근 들어 이러한 흐름에 따라 다문화가정 자녀들을 위한 다문화대안학교의 설립이 필요하다는 의견이 제기되고 있다.

다문화사회란 첫째는 우리 사회에 소수민족(Minority)이 증가하는 현상, 둘째는 다문화가족 자녀(혼혈아동)이 증가하는 현상, 셋째는 우리 사회에 유학생이 증가하는 사회, 넷째는 다문화가족으로 인해 발생하는 사회문제를 예방하고 해결하기 위해 여러 가지 사회적인 제도를 만들고 관련시설을 국가 지원으로 운영하는 사회라고 할 수 있다.

통계자료를 보면 2002년부터 우리나라 젊은이들이 매년 32만 쌍에서 34만 쌍이 결혼을 하는데 그 중 약 10~12%가 국제결혼을 하고 있다. 그렇다면 매년 3만여 명의 다문화가정 자녀(혼혈아동)이 우리 사회에서 한가족이 되어 살아가고 있는 것이다.

하지만 이들 다문화가정 자녀가 얼마나 사회적응을 잘하며 우리 사회에서 자립하고 성장할 수 있을까 하는 데에는 의문이 간다. 물론 일부이긴 하겠지만 다문화가정 자녀들은 이미 학교생활에 잘 적응하지 못하고 일반 대안학교에 가서 공부를 하고 있다.

최근 1, 2년간의 언론에 보도되는 기사를 보더라도 다문화가정 자녀들 전체는 아니라 할지라도 일부 다문화가정 자녀들이 지금 우리 사회의 어느 곳에선가 소외당하고 고통 받고 있다는 것을 알 수 있다.

우리들에게 희망을 줄 수 있는 교육은 무엇인가. 지금 우리 사회에서 가장 소외받고 있는 다문화가정 자녀들이 자립하면서 사회적응을 잘 해 나갈 수 있는 교육체제를 만드는 것이 필요하지 않을까.

현재 국내에서 설립 운영 중인 다문화대안학교는 2006년 9월에 설립된 광주 새날학교(광주광역시, 2010년 5월 공립허가)와 부산 아시아공동체학교, 2007년 9월에 설립된 다문화국제학교(포천시)를 포함하여 10여개가 운영 중(신상록, 2010)에 있으나 경영에 어려움을 겪고 있다.

또한 사단법인 지구촌사랑나눔에서는 현재 경기도 광주시에 국제다문화학교를 2011년 3월 개교를 목표로 준비 중에 있다. 다문화가정 자녀들을 위한 다문화대안학교를 설립하는 데는 찬반의 견이 있다. 찬성하는 측에서는 그들만의 특수성이 있기 때문에 다문화가정 자녀들만을 위해 다문화대안학교가 필요하다는 의견이다. 반대하는 측에서는 사회통합의 관점에서 별도로 다문화대안학교를 만드는 것 보다는 일반 대안학교에서 함께 교육을 받을 수 있도록 하는 것이 바람직하다는 의견이다.

두 가지 의견 다 일리가 있다고 본다. 필자의 생각은 다문화가정 자녀들도 일반 대안학교에서 통합교육이 필요하다고 생각한다. 그러나 다문화가정 학생 중 일부는 다문화가족만이 갖고 있는 특수성이 있으리라고 본다.

따라서 일반 대안학교 교사들보다도 다문화에 대해 좀더 많은 전문성을 갖춘 교사들이 가르치는 다문화대안학교의 설립은 필요하다는 생각이다. 처음으로 개설되는 국제다문화학교에 다문화가정 자녀들의 모델이 될 수 있는 교육 안이 나올 수 있기를 기대해 본다.

또 하나는 각 지역별로 다문화대안학교가 균형있게 설립되어야 한다는 것이다. 이를 위해 비영리법인들의 재원마련이 시급하다고 할 수 있다.

마지막으로 제기하고 싶은 쟁점은 다문화대안학교의 명칭에 관한 것이다. 지구촌사랑나눔학교에서 건립 준비 중에 있는 다문화대안학교의 명칭 안은 국제다문화학교이다. 이럴 때 굳이 다문화라고 하는 명칭을 써야 할 필요가 있는지에 대해서는 의문이 든다. 필자의 견해로는 비록 다문화가정 자녀들을 중심으로 한 대안학교라 할지라도 명칭에는 다문화라고 하는 단어는 사용하지 않는 것이 바람직하다고 본다. 왜냐하면 또 하나의 낙인(Stigma)이 될지 모르기 때문이다.

더 많은 일반교육기관에서 다문화인식 개선교육 그리고 일반학교에서도 적응하지 못하는 학생들을 위한 다양한 다문화대안학교가 설립되어 운영될 수 있도록 고민하고 실천해야 될 때가 온 것이다.

제1호 결혼이주여성 정치인 탄생의 의미

몽골 출신의 결혼이주여성 이라(33) 씨는 2010년 6.2지방선거에서 경기도의원 비례대표로 당선되어 제1호 결혼이주여성 정치인이 되었다.

이라 의원이 한국 생활을 하게 된 것은 지난 2003년 초 외몽골에서 여행을 하던 엄모(50 · 남편) 씨를 지인의 소개로 만나게 된 이후이다. 이 만남을 계기로 2003년 10월 엄씨와 가정을 이루게 되었고, 다문화가정을 위한 자원봉사활동을 시작하게 된다. 이 의원의 본명은 '게렐'인데 성(姓)은 '성남 이씨'로 정하고, 한글 이름은 기억하기 좋고 성과 함께 부를 때 리듬감 있는 '라'라는 외자로 골라 개명을 했다.

이 의원은 2008년 10월 한국 국적을 취득하기까지 자기 자신이 받았던 고통을 다른 결혼이주여성에게는 겪지 않게 하겠다는 마음을 먹고, 서울출입국관리사무소 결혼이민자 네트워크에서 부회장으로, 또 성남시 다문화가족지원센터에서 왕성한 활동을 해 왔다. 이런 활동 덕분에 2008년 5월 세계인의 날에 법무부 장관 표창을 받기도 했다. 한나라당은 이런 그의 이력을 높이 사 비례대표후보 1번으로 공천했고, 선거에서 무난히 당선되었다.

학자들은 다문화사회를 일반적으로 세 가지의 유형 또는 단계로 구분하기도 한다. 첫째는 온건다문화사회이다. 온건다문화사회는 초창기에 나타나는 다문화현상으로 음식문화가 국제적으로 다양화되는 현상이 나타나는 것을 말한다. 우리나라에도 프랑스나 서양요리, 일본요리, 중국요리 등이 다양해지는 것을 알 수 있다.

서울에 외국인들이 많은 이태원에 가면 우리나라 음식을 하는 식당보다 외국 음식을 주로 제공하는 식당들이 더 많다. 이태원뿐만 아니라 안산 등 서울을 비롯한 주요 대도시에서 외국 음식을 파는 식당을 보는 것은 그리 어려운 일이 아니다. 또한 퓨전요리라는 이름으로 국적이 불분명한 음식들이 유행을 하고 있기도 하다.

이렇게 외국의 다양한 문화와 여러 가지 요소들이 유입되면서 사람들의 삶의 양식과 소비습관이 변화하고 있다. 이렇게 대도시에서 볼 수 있는 문화적인 다양성을 반기는 사람들도 있고, 싫어하는 사람들도 있을 수 있다.

이와 같이 온건다문화사회에서는 음식이나 의복, 음악 등 도시가 점차적으로 자연스럽게 다양화해지고 인종도 점차적으로 다양해지는 현상을 보인다. 따라서 일반인들의 생활양식이나 소비양식도 온건(Soft)하고 가벼운(Light) 다문화현상들이 많이 나타나게 된다.

둘째는 강경다문화주의사회를 말한다. 결국 다문화주의는 정치적인 영역에 이르게 된다. 정치적인 영역에서 다문화주의는, 어느 한 사회 안에서 문화의 정체성과 다양성을 고려하는 것을 이르며, 다양성과 특수성이 인정을 받고 그것을 받아들이려고 하는 공적인 시도를 말하는 것이다.

결국 정치 영역에서 다문화주의는 다양성과 특수성을 가진 소수집단이 정치적 결사의 형태를 만들게 되고, 그들의 목적은 차별받거나 소외되지 않을 권리를 주장하며, 특수한 권리 또는 특별대우를 얻어내려고 노력하게 된다.

강경(Hard)다문화주의는 온건다문화주의에서 가져온 생활의 변화와 일반적인 의미의 다원주의를 넘어서서, 개인 또는 소수집단의 민족적, 문화적 정체성과 다양성을 받아들일 것을 요구하기도 한다. 또한 주류사회가 이끌어 가는 사회에 변화를 요구하고, 소수민족인 다문화가족들이 사회적, 정치적으로 공적인 영역에서 인정과 변화를 받아들일 것을 요구한다.

셋째는 시장다문화주의사회를 말한다. 시장다문화주의에서는 다문화사회 안에서 경제적인 이익을 극대화시키는 것을 목표로 노력하는 것을 말한다. 기업체에서도 회사의 경제적인 이익을 극대화시키기 위해 회사원들의 인력을 다양화하는 것이다. 때문에 시장다문화주의자들은 다문화주의 논쟁에 적극적으로 뛰어들려고 하지 않는다(서은주, 2008).

또한 시장다문화주의자들은 회사의 생산성을 높이기 위해 이주노동자들의 종교에 맞게 예배소를 설치한다든지 그들 모국의 음식을 제공하기도 한다.

이상과 같이 우리나라에 결혼이주여성 경기도의원 비례대표 정치인이 탄생한 것을 계기로 다문화사회의 세 가지 유형을 간략히 살펴보았다. 현재 우리나라는 앞에서 제기한 바와 같이 다문화사회의 세 가지 유형 단계들이 혼합되어 다문화현상들이 나타나고 있다고 봐야 할 것이다.

하지만 그런 가운데서도 굳이 결론을 얘기한다면 우리나라는 온건다문화주의와 시장다문화주의가 매우 혼합된 초기의 다문화사회라고 말할 수 있을 것이다. 2010년 6월, 제1호 경기도의 비례대표가 나오기는 했지만 그는 투표를 통해 개인의 힘으로 당선된 정치인이 아니며 어디까지나 비례대표 정치인이다. 그럼에도 불구하고 비례대표 제1호 정치인 탄생의 의미는 매우 크다고 할 수 있다.

앞에서 다문화사회를 세 가지 유형으로 분류해 보았지만 우리나라와는 다르게 미국은 소수민족들이 실력과 역량을 발휘할 수 있는 다문화사회라고 할 수 있다.

미국을 중심으로 우리나라 출신의 정치인을 살펴보면 미 연방하원의원을 지낸 김창준 의원이나 워싱턴 주의 신호범 주 상원의원, 오리건 주의 김용근 주 상원의원, 버지니아 주의 마크 김 주 하원의원, 캘리포니아 어바인 시장인 강석희 시장 등(미주 한인 100년의 발자취, 2006)이 있다. 이들은 미국사회에서 일반주민들의 투표를 통해서 당선된 정치인들이다. 머지않아 우리나라에서도 비례대표 정치인이 아닌 선거를 통해 당선된 제1호 정치인이 나와 우리 사회의 다문화가족을 대변할 수 있는 날이 오기를 기대해 본다.

또 하나의 다문화가족 '북한이탈주민'

우리나라에서는 일반적으로 다문화가족의 대상을 외국인노동자, 결혼이주여성, 북한이탈주민이라고 말하고 있다. 선진국이나 일본에서는 다문화가족의 대상에서 가장 먼저 제기하는 것이 장애인이다. 그들은 사회생활을 하는데 있어 우리와 또 다른 생활문화를 갖고 있기 때문일 것이다.

우리나라는 남북한이 분단되어 있어 같은 민족이면서도 문화가 전혀 다른 북한이탈주민을 일반적으로 다문화가족에 포함시키고 있다. 북한이탈주민들은 오랫동안 사회주의 국가 체제에서 생활해 오면서 사고방식이나 생활양식이 우리와는 전혀 다른 사람들이다. 때문에 그들은 우리와 일부 의사소통이 되는 것 외에는 오히려 동남아에서 온 사람들보다도 융합해 나가기가 더 어렵다고 할 수 있다.

국내에 입국한 탈북자 수는 1993년 8명을 시작으로 2010년 7월 현재 2만여 명이 넘어선다고 하니 꽤나 많은 북한이탈주민이 우리 사회에서 함께 살아가고 있는 것이다.

그들은 외모로 보아서는 전혀 구분할 수 없는 같은 민족이다. 그러나 생활습관이나 삶의 양식은 정말 우리와는 문화가 전혀 다른 다문화가족이라고 할 수 있다.

경기도 안성시에 있는 하나원은 탈북자들의 한국 사회 적응을 돕고자 1999년 7월에 개원했다. 안성 하나원은 그동안 죽음의 고비를 넘고 넘어 북한을 탈출한 북한이탈주민이 사회적으로 적응해 나갈 수 있도록 많은 일을 해왔다고 할 수 있다.

하나원의 한 교수로부터 들은 얘기이다. 북한탈북주민들은 남한 사람들은 왜 이리 열심히 일하는지, 왜 빨리 빨리 일하는지, 왜 부지런한지. 또한 일 더한다고 밥 더 주는지 라는 불평을 늘어놓기도 한다고 한다. 또한 연수 기간 중에 50명이 한 반에서 교육을 받을 때, 교수가 뒤에 먹을 빵이 50개가 있으니 하나씩만 가져가라고 하면 절반 정도밖에 나가지 않았는데도 이미 빵은 다 없어진다고 한다. 또한 하나원에서 6개월 교육 이수 후에 사회에 나와서 자립적으로 살아가는 이들의 숫자는 그리 많지 않은 편이라고 한다. 일부 북한탈북자들은 한국 사회에 적응하지 못하고 오히려 북한을 그리워하며 북한으로 다시 돌아가는 이들도 있다.

현재 우리나라에는 북한탈북자들을 위해 안성시 본원에서는 주로 탈북여성을 중심으로, 양주시 분원에서는 탈북남성을 중심으로 남한 사회의 자립지원을 위해 운영이 되고 있다. 이들을 위해 대단히 필요한 기관이라는 생각이 든다.

1970년대와 80년대 북한을 탈출한 사람들은 한때, 북한귀순용사라 하여 영웅취급을 받은 때가 있었다. 이들은 각 학교나 종교단체, 사회교육원을 순회하면서 반공교육을 했었다. 그러나 이제 우리 사회에 거주하는 북한이탈주민이 2만 명이나 되니 그 희귀성조차도 없어진 지 오래다. 앞으로는 더 많은 북한이탈주민이 매년 남한으로 넘어오게 될 것이다.

하나원 내에는 아동을 위한 하나둘학교가 있다. 하나둘학교는 탈북아동들을 위한 학교로 하나원 이수 후 남한학교에 적응하기 위한 교육을 담당한다. 이 아이들은 아무 것도 모른 채 부모 손에 이끌려 남한 땅을 밟았다. 탈북가족 아동들 중 일부는 사회에 적응하지 못하여 대안학교로 전학하는 학생도 증가하고 있다. 하나원 수료자 중 19세 이하는 15.5%, 20대는 26.5%로 젊은 층이 차지하는 비중도 높은 편이다.

1999년 1월에 탈북해 중국에 머물다 올해 2월 입국했다는 탈북여성 박모 씨(40세)는 "11살 된 딸이 중국 학교에 다닐 때는 탈북자라는 신분이 드러날까 봐 한 번도 학교에 찾아가지 못했다."며 "딸아이가 한족 아이라고 놀림을 받을 때는 가슴이 찢어질 것 같았다."는 사례도 있다.

이들은 북한체제에 대한 불만과 가장 고통스러웠던 굶주림을 해결하고자 목숨을 걸고 탈북을 시도한 사람들이다. 문제는 그들이 하나원에서 6개월 교육 이후 우리 사회에서 얼마나 적응을 잘 해나가며 자립적인 생활을 해나갈 수 있을 것인가에 있다.

다문화사회로 나아가고 있는 현 시점에서 동남아에서 온 노동자나 결혼이주여성들만이 다문화가족이 아니다. 우리와 똑같은 얼굴을 갖고 있으면서 생각이나 생활방식이 전혀 다른 또 하나의 다문화가족인 북한이탈주민들과 앞으로 어떻게 융합하고 통합을 이루며 살아나갈 것인가 서로 고민하고 대응책을 논의해 나가야 할 것이다.

북한이탈주민 주민번호 해프닝

북한이탈주민들도 한국에 오면 주민등록번호를 부여받는다. 2007년 5월 이전에 입국한 탈북자 약 7,500명은 경기도 안성시에 위치한 탈북자 정착지원시설인 하나원을 거주지로 주민등록번호를 부여받았다. 이들의 주민번호는 뒷자리가 남자는 125, 여자는 225로 시작이 된다.

한때 중국정부에서는 한국에 입국한 북한이탈주민들이 다시 중국을 경유하여 북한으로 입국하는 것을 방지하기 위한 대책을 논의한 적이 있다. 그때 정보를 입수한 것은 한국인들에게는 주민번호가 부여된다는 것 특히 안성 하나원에서 교육을 받고 있는 북한이탈주민들은 대부분 안성지역의 주민번호인 125와 225로 시작되는 번호가 있는 것을 알게 되었다.

이 때문에 피해를 본 것은 오랫동안 안성지역에서 고향을 지키며 살아온 지역주민들이다. 주민번호에 같은 나열 번호를 가지고 있다고 하여 안성주민 중 일부는 중국에 관광여행 차 갔다가 입국 거부를 당하고 귀국한 경우가 있다. 우리 사회의 또 하나의 다문화 사례라고 할 수 있다.

또 하나의 사례는, 탈북자 단체들에 의하면 탈북자들이 최근

주민번호로 인한 신분 노출로 국내 기업 취업시 불이익을 당하거나 중국 여행을 위한 비자발급, 중국행 승선(乘船)표 구입 등에서 탈북자인 것이 드러나 거부당하는 경우이다. 탈북자들의 주민번호 피해는 탈북자들이 국내 입국 후 정착교육을 받고 호적을 취득하는 과정에서 주민번호 뒷자리(앞자리는 생년월일)에 북한이탈주민 정착지원사무소(하나원)의 소재지를 의미하는 세 자리 숫자(지역코드)가 공통적으로 들어가는 데서 비롯되고 있다.

서울 명문대학 졸업반인 20대 남성 탈북자는 "지난달 한 대기업의 추천 입사전형에서 학교생활, 호주연수, 해외 자원봉사 등 여러 조건을 살핀 동문 선배의 추천을 받아 입사지원서를 냈으나 결국 불합격됐다."면서 "지원서류와 주민번호 등을 통해 탈북자라는 점이 영향을 미친 것으로 보인다."라고 주장했다.

그는 "선배들은 합격이 확실시 된다며 추천해 줬으나 면접관이 북한 사람은 주민번호만 보고도 중국 비자를 안 내준다는데 해외여행 결격사유가 되지 않느냐고 물었던 점이 마음에 걸린다."고 말했다.

정부에서는 탈북자들의 중국 입국 거부에 대한 불편을 해소하고 탈북자와 주민등록번호 뒷자리가 동일해 불이익을 당하는 경기도 인근 주민들의 중국 입국 불편을 해소하기 위해 법률안을 개정하기로 했다. 따라서 2007년 6월부터는 탈북자들의 주민등록번호를 하나원이 아닌 정착지를 거주지로 해 발급하고 있다.

목숨 걸고 넘어온 남한 땅에서, 6개월간 자립을 위한 교육을 받고 사회에 나오지만, 그들이 넘어야 할 국민들의 인식이나 사회제도의 장벽들은 여전히 곳곳에 널려 있는 것이 현실이다.

※ 하나원 : 정식명칭은 '북한이탈주민정착지원사무소'로 북한이
탈주민들의 사회정착 지원을 위해 1998년 7월 8일 개원한 통일
부 소속기관이다. 관계 기관의 합동신문이 끝난 탈북 주민들을
한국 사회에 조기 적응할 수 있도록 3개월간 사회적응교육, 6~
8개월간 직업훈련을 실시한다. 연건평 7,320㎡에 지하 1층, 지상
3층 건물로 전체 수용능력은 연간 4,200명 규모로 생활관, 교육
관, 종교실, 체력단련실, 도서실 등의 편의시설을 갖추고 있다.
경기도 안성시에 있다. _ 출처: 시사상식사전

2. 다문화사회를 위한 문화적 차이 극복

결혼이주여성과 '도깨비 상자'

결혼이주여성들은 늦은 가을이나 초겨울, 베트남이나 필리핀 등 열대지방에서 한국으로 시집을 오는 경우가 많다. 그들이 공항에서 수속을 마치고 신랑 집으로 향하면서 가장 먼저 피부로 체감하는 것은 바로 한국의 쌀쌀한 기후라고 한다.

휴게실을 거쳐 대여섯 시간 만에 신랑 집에 도착하게 되는데, 그때 그들은 결혼이고 뭐고, 추위 때문에 얼어 죽겠구나 하는 공포감에 사로잡히게 된다는 것이다.

그러지 않아도 말도 안 통하고 처음 만나는 가족들로 인해 잔뜩 긴장하고 있는데 엎친 데 덮친 격으로 살을 에는 듯한 추위는 정말 세상에 태어나서 처음 겪는 고통이었다고 고백한다.

그런데 방에 들어서는 순간 다시 한 번 놀라게 된다. 밖은 시베리아 같이 추워서 견딜 수가 없는데 방안이 너무나 따뜻하기 때문이다. 그래서 방을 따뜻하게 하는 것이 무엇인지 궁금해서 신랑에게 물어보면 보일러 때문이라는 것이다. 그래서 보일러 스위치를 몇 번이고 껐다 켰다 해 보지만 이해가 되지 않는다고 한다.

두세 달 지나 우연히 먼저 시집 와서 살고 있는 고향 언니들을 만나 물어보면 그들에게도 똑같이 한국의 온돌방을 따뜻하게 하는 보일러 장치는 도깨비 상자와 같다는 것이다. 방 따뜻해져라 뚝딱하면 방이 따뜻해지고, 너무 덥다 뚝딱하면 시원해지는.

고향 언니들과 그들은 추운 겨울, 한국에 와서 공포에 떨게 했던 추위를 견디게 해준 보일러 이야기에 웃음꽃을 피운다고 한다.

또한 열대지방에 살다가 한국에 와서 처음 사용해 보는 냉장고에는 왜 이리 먹을 것이 많이 들어 있는지. 냉장고도 그들이 보기에는 문만 열면 먹을 것이 나오는 도깨비 상자임에 틀림없었다.

그들이 도깨비 상자로 생각하는 한국의 차가운 방의 온도를 따뜻하게 해주는 보일러나 먹을 것이 풍성하게 담겨져 있는 냉장고처럼 한국의 남편과 외국인이주여성들 간의 부부관계, 가정의 경제, 자녀교육 문제를 따뜻하게 해줄 수 있는 도깨비 상자와 같은 사례들이 이곳저곳에서 눈에 많이 띄었으면 좋겠다.

결혼이주여성이 본 '한국의 고품격 언어'

결혼이주여성이 한국에 와서 3년여 지나면서 어느 정도 의사소통이 되는 시기에 헷갈리게 되는 한국의 고품격언어. 예를 들면 시부모님 생신 준비할 때의 이야기이다. 이제 2주 뒤면 어머니 생신이라고 신랑이 귀띔을 해줘서 시어머님께 여쭈어 본다. "이제 몇 주 있으면 어머님 생신인데 어떻게 해 드릴까요?" 그럴 때 시어머니는 "얘야, 됐다. 생신은 무슨 생신. 먹고 살기도 바쁜데 됐다. 준비 안 해도 된다."고 얘기를 한다. 저녁에 결혼이주여성은 어머니께서 생신을 챙기지 않아도 된다고 했다고 남편에게 상의한다. 그러나 신랑은 준비하라고 한다.

그러다 어느 해인가 신랑이 출장간 사이에 어머니가 올해도 생신 차리지 말라고 해서 정말 준비하지 않았다가 혼이 난 경험은 결혼이주여성들 사이에서 언제나 입에 오르내리는 대화 중에 하나이다.

이 밖에도 우리나라에서 사용하고 있는 "어머님, 차 한 잔 준비해 드릴까요?" 라고 여쭈어 보면 "아니야, 나는 됐다."라고 반어법으로 대답을 해서 차 준비를 안 해드렸다가 혼난 이야기도 결혼이주여성들이 한국어를 배우면서 실수한 사례 중 단골메뉴로 등장한다. 결혼이주여성들에게 의사표현을 할 때에는 확실하게 하는 것이 좋다.

시아버지 병 수발을 들 때 시어머니가 죽을 준비해서 "얘야, 아버님께 죽 드시라고 해라."고 하자 결혼이주여성 며느리가 "아버님, 죽으세요."라고 했다가 혼난 이야기 등. 이렇듯 존경어와 반어법까지 배우고 사용해야 하는 어려운 한국어 때문에 다문화가족들은 가족들이 모이는 명절을 피하고 싶어 한다.

"밀가루 음식이나 빵은 먹지 마라!"

빵은 먹으면 안 된다. 밥을 먹어야 한다. 아니 20여 년 동안 주식으로 먹어오던 빵을 먹지 말라니. 우즈베키스탄이나 키르키즈스탄 등 러시아권이나 몽골에서 온 결혼이주여성들은 처음에 빵과 밥 문제로 가족들과 갈등을 겪게 된다.

러시아권이나 몽골의 주식은 빵과 고기이다. 그런데 한국에 시집온 결혼이주여성들이 가족들과 생활을 하면서 가장 많이 듣는 이야기가 "밀가루 음식이나 빵은 건강에 안 좋으니 먹지 말라."고 하는 것이다. 처음에는 이 말을 들었을 때 얼마나 서러웠는지 모른다고 한다.

"애들에게도 빵이나 밀가루 음식은 가능하면 주지 마라. 고기보다는 야채를 많이 먹여 키워라." 라고 하는 얘기를 수도 없이 듣게 된다. 러시아권이나 몽골에서 주식인 밀가루 음식을 먹지 말라고 하는 것은 우리나라 사람들 보고 쌀에 농약을 많이 쳤으니 먹지 말라고 하는 것이나 같은 말이다. 한두 번도 아니고 이러한 말을 반복해서 들을 때 짜증이 날 수밖에 없는 것이다.

"한국 사람은 밥심으로 산다", "밀가루는 소화가 잘 안 된다" 역시나 상처가 되었던 말이다. 몽골의 주식은 밀가루와 고기다. 쌀은 일주일에 한 번 정도 먹는다. 그래서 몽골에선 밀가루에 대해 좋은 얘기를 많이 들었다. 한국에서 밀가루에 대한 안 좋은 이야기를 들으니 의아했다. 속으로 '왜 내가 좋아하는 음식을 먹지 못하게 할까' 하는 불만이 쌓였다. 더구나 당시엔 우리 가족, 나의 남편만 그런 줄 알았다. 그런데 나중에 대부분의 한국인이 그렇게 생각하고 있다는 사실을 알게 되었다. 기후와 지역에 맞는 음식문화가 있어서 차이가 난다는 사실도 깨달았다. 지금은 한국 음식만 먹어도 불편함이 없을 정도로 적응이 됐지만 당시엔 참 어려운 일이었다(http://h21.hani.co.kr/이신애(아리옹), 2008).

이 사례에서 보듯 결혼이주여성들은 몇 년 지나면서 밀가루 음식을 왜 먹지 말라고 하는지 이해하기까지 서러워하며, 눈물을 흘리면서 한국생활에 적응해 나가게 된다고 한다.

"한국에 시집 잘 왔지. 잘 왔어!"

한국에 온 결혼이주여성들이 가장 많이 듣는 말 중 하나. "한국에 시집 잘 왔지. 잘 왔어." 이 말을 처음 들었을 때 기분이 좋을 리 없다. 가족이나 이웃이 무심코 가볍게 하는 말이지만 이주여성이 듣기엔 '가난한 나라에 대한 무시와 따돌림'이 담긴 것으로 여겨지기 때문이다.

몇 년 지나서야 이 말이 한국인이 일상적으로 사용하는 인사이거나 또는 오히려 상대방을 배려하는 말이라는 것을 알게 되지만, 그래도 마음이 아팠던 것만은 숨길 수 없는 사실이다. 가족이나 이웃들이 별 생각 없이 하는 말들이 이주여성들의 마음을 아프게 하는 경우라고 할 수 있다.

가정폭력이나 직장폭력만이 이주민에 대한 물리적인 폭력이 되는 것은 아니다. 가족이나 이웃들이 "한국에 시집 잘 왔지. 잘 왔어."라고 무심코 던지는 이 말 한마디도 이주여성들에게는 커다란 상처가 될 수 있다. 말 한마디로 천 냥 빚을 갚는다는 속담이 있듯이 이주여성들이나 이주노동자들에게 말을 건넬 때는 신중하게 그들의 입장을 배려해야 할 것이다.

재혼여성이 더 좋아!

일본에서 결혼이주여성이 가장 많이 거주하는 혼슈의 북서쪽에 위치하고 있는 야마가타현(山形縣)의 츠루오카시(鶴岡市)를 2007년 1월에 방문할 기회가 있었다. 당시 우리 일행의 일정을 담당해준 데와쇼나이 국제촌에서는 한국에서 일본으로 시집온 K여성을 사례발표자로 선정, 궁금증을 풀어주었다. 이 여성은 한국에서 전 남편과 이혼, 식당에서 일하면서 초등학교 4학년과 6학년 자매를 키우면서 겨우 생계를 유지하고 있었다. 그러다가 결혼중개업의 소개로 재혼을 하게 되었다고 한다.

그런데 놀라운 사실은 대부분의 일본 남성이나 시댁 식구들은 남자가 초혼인데도 불구하고, 자식이 하나나 둘 있는 한국이나 중국의 여성들을 선호한다는 것이었다. 자기 나이가 30대 중반이나 후반인데 언제 자식을 낳고, 키워서 가업을 계승시킬 수 있겠느냐는 생각을 많이 가지고 있었다.

또한 K여성은 처음에 일본에 가서 재혼한 것이 부끄러웠는데 의외로 재혼여성이 많아 자신감을 갖고 살 수 있었다고 한다. 내 피가 반드시 섞여야만 내 자식이라고 여기는 우리나라 남자들의 인식과 호적에만 내 자식으로 등재되어 있으면 내 친자식이나 다름이 없다고 하는 일본인과의 커다란 문화적인 차이를 실감하는 계기가 되었다.

기독교인이었던 K여성이 시부모와 함께 살면서 가장 힘들었던 점은 집에 있는 불상을 매일 닦아주고 물을 갈아주는 일이었다고 한다. 또한 우리나라와 같이 교회가 거의 없어 교회를 다니며 신앙 생활을 하지 못하는 일이었다. 성격이 활달했던 K여성은 결혼이 주여성모임에서도 리더로 활동하면서 지역의 평생교육원에서 한국의 비빔밥이나 김치 담그기를 가르치는 사회교육 강사를 하고 있었다.

데와쇼나이 국제촌에서 자료를 수집하던 중 또 한 가지 재미있는 자료를 발견하였다. 그 자료 중 하나는, 재혼이주여성 자녀 지도를 위한 매뉴얼이었다. 이 매뉴얼에는 초등학교 4학년부터 중학생까지 인성지도에 관한 내용이 준비되어 있었다. 초등학교 4학년 정도에서 나이가 조금 더 많은 사춘기의 자녀들이 일본에 와서 어떻게 일본의 언어와 문화를 배우면서 적응해 나갈 것인가에 대한 안내와 지침들이 수록되어 있었다. 이러한 자료 외에도 다문화가정 자녀들 그리고 이주여성들을 위한 일본어와 문화를 가르치는 교육에 관한 매뉴얼도 체계적으로 잘 준비해서 운영이 되고 있었다.

일본 츠루오카시의 데와쇼나이 국제촌은 우리나라 안산시와 같이 다문화의 원조마을로 잘 알려져 있다. 츠루오카시의 데와쇼나이 국제촌은 2006년 10월에는 MBC TV에, 2007년 1월에는 KBS TV에도 방영이 되어 소개된 바 있다. 츠루오카시가 다문화로 유명한 마을로 자리 잡게 된 것은 1980년대에 들어오면서 야마가타현 농촌지역에 노총각들이 빠르게 증가하기 시작하게 되면서다. 이러한 노총각들의 문제가 국내결혼으로 해결이 되지 않는 것을 인식하고, 1985년 야마가타현 아사히 마을 공무원들은 필리핀의 압카이 마을에 거주하는 여성 5명과 관주도로 일본 최초로 국제결혼을 추진을 하게 된다.

이렇게 일본에서 국제결혼이 확산되면서 일부 시민단체나 여성단체에서는 많은 반대와 비판의 여론이 일어나기 시작한다. 그 내용을 살펴보면 "결혼이란 서로가 이해할 수 있는 시간이 필요한데 그들에게 교제기간이 있었는지. 대부분의 국제결혼이 졸속결혼이 아닌지. 가문의 계승자를 낳는 도구는 아닌지. 신부는 대개 개발도상국 여성들로 돈으로 거래되는 인간무역은 아닌지."라는 여론과 비판이 들끓기 시작한다. 이러한 사회적인 비판여론에 의해 일부지역 공공기관의 결혼중개 사무소들은 문을 닫고 국제결혼에 커다란 개선을 가져오는 기회가 된다.

츠루오카시에는 이 지역에 결혼이주여성이 급증하게 되자, 1985년 국제교류협회를 조직하고 다양한 프로그램을 전개하기 시작한다. 1994년에는 데와쇼나이 국제촌이라고 하는 거점센터를 건립해 외국인들과 일본인들이 상호 교류할 수 있는 장을 설립하게 된다. 이러한 국제교류센터는 야마가타현 내의 대부분의 시에

건립하게 된다.

이렇게 츠루오카시가 다문화도시로 발전하기까지에는 첫째로 다문화가족을 위해 공공기관에서 많은 관심과 지원이 있었다는 점이다. 둘째는 20여 년간 브라질에서 교사생활을 하다 귀국한 문화인류학 연구자인 야마구치 요시히코(山口吉彦) 부부의 헌신적인 노력이 있었다는 점이다. 셋째는 다문화가족을 위한 거점기관인 데와쇼나이 국제촌을 설립 운영하고 있다는 점이다. 넷째는 다문화가족을 위한 다양한 언어 교육이 지원되고 있었다는 점이다. 다섯째는 다문화가족을 위한 음식축제나 의상 축제 등 다양한 축제와 교육 프로그램이 잘 개발 운영되고 있었다는 점이다. 여섯째는 다문화가족사업을 관광사업과 연계하고 있었다는 점이다.

한국의 K여성이 재혼하여 살고 있는 야마가타현의 츠루오카시. 인구가 감소하고 총각들이 결혼을 하지 못했던 이 마을에 거센 변화의 바람이 불어 오늘에 이르렀다. 의식이 깨어있던 공무원들이 결혼을 주선하고, NGO와 공무원과 시민들이 함께 협력하는 다문화 거버넌스인 국제교류협회를 조직한 것이다. 이와 함께 시민운동을 전개하고, 다문화가족을 위한 데와쇼나이 국제촌인 거점센터를 건립한 츠루오카시는 이제 다문화공생도시로 탈바꿈하여 인구감소도 없을 뿐만 아니라 외부 관광객들이 끊이질 않는 자립적인 도시로 변모해 나가고 있었다.

"엄마, 학교에 오지 마!"

결혼이주여성이 한국에 와서 자녀들이 학교에 갈 시기가 되면 겪게 되는 서러움이 있다. 바로 어머니로서 학교를 방문해야 할 때이다. 최근에는 학교 선생님들의 배려로 많은 결혼이주여성들이 그래도 마음 편히 학교를 가는데, 오히려 그들의 자녀들로부터 듣게 되는 말로 인해 밤잠을 설치게 될 때가 있다.

어느 날 학교에서 돌아온 자녀로부터 "엄마, 학교에 오지 마. 싫단 말이야."라는 말을 들었을 때, 정말 가슴이 미어졌다고 한다. 이럴 때의 심정은 가족이나 이웃들로부터 "한국에 시집 잘 왔지. 잘 왔어."라는 말을 들었을 때 보다 더 가슴과 뼛속 깊이까지 에이는 듯하다.

이러한 사례들은 우리나라의 가난한 가정의 어머니나 어머니가 나이 들어 출산한 경우 할머니 같이 보일 때에도 흔히 일어나는 사례들이다. 이러한 아픔을 겪으면서 우리 사회의 어느 곳에선가 성장하고 있는 다문화가정 자녀들에게는 오히려 희망이 있는지 모른다.

우리나라 자녀 대부분은 좋은 부모님과 잘 정돈된 온실과 같은 가정에서 자라고 있지만 다문화가정 자녀들은 그렇지 못하기 때문이다. 그러나 일부이긴 하지만 그들 가운데에는 사회적인 차별과 역경을 극복하면서 성장해 가는 자녀들이 있을 것이다.

이들 중에는 분명 미래에 사회 각 분야에서 소수이지만 크게 성공하는 인물이 나올 수 있을 것이다. 미국에서 다문화가정 자녀로 태어나서 이를 잘 극복하고 대통령이 된 오바마와 같이 다문화가정 자녀들이 현재 학교와 사회에서 쌓고 있는 다양한 경험들이 큰 밑거름이 될 수 있도록 지원해 주어야 할 것이다.

러브인 아시아

몇 년 전부터 우리나라 방송이나 신문 등 매스컴에서 다문화가족에 관한 보도나 기사가 크게 증가하고 있는 것을 알 수 있다.

2006년 다문화가족사업이 본격적으로 시작될 때만 해도 다문화가정에 대해 이해하지 못하는 사람이 많이 있었다. 그러나 이제는 대부분의 사람들이 다문화가족이나 다문화가정에 대해서 이해하고 있는 것 같다.

매스컴에서 많은 관심을 갖고 지속적으로 다룸으로써 국민이 널리 인식할 수 있게 되었기 때문이라는 생각이 든다. 다문화가족 여성을 대상으로 한 장수 프로는 매주 화요일 오후 7시 35분에 방영되는 KBS 1 TV의 '러브인 아시아'라고 할 수 있다. 러브인 아시아는 다문화가족에 관한 다양한 방송 프로그램 중에서 대표적인 브랜드가 되었다 해도 과언이 아닐 것이다.

2005년 11월에 전파를 타기 시작한 '러브인 아시아'는 올해 9월 초 방송 200회를 맞이한다. 러브인 아시아는 국경을 넘어 꿈과 사랑을 이어가는 국제결혼이민자들의 가족사랑 프로젝트와 한국으로 꿈을 찾아온 외국인근로자들의 가족 감동 프로젝트를 영상을 통해 담아내는 프로그램이다. 언어가 다르고 피부색이 달라도 이제 그들은 결혼이민자로, 또 외국인근로자로 우리와 함께 부대끼며 살아가야 할 이웃이자 형제들이다.

이러한 내용들을 한국적인 정서에 맞게 가족을 중심으로 엮어낸 프로그램으로 때로는 감동과 눈물을 자아내며 다음 방송을 또 보게 만드는 여운이 있다. 그러면서 러브인 아시아는 사람과 사람, 국가와 국가가 사랑으로 맺어지는 이해의 품앗이 활동을 요구하기도 한다. 그리고 그들을 또 하나의 가족, 다정한 이웃으로 보듬기 위한 우리들의 인식전환과 함께 가족의 가치와 정(情) 그리고 그들에 대한 관심을 열린 시각으로 담아내고 있다.

지난 7월 20일에는 '못 말리는 닭살부부! 서히스타, 김형기 씨

커플'이야기가 방영되었다. 2년 전 우즈베키스탄에서 한국으로 시집 온 서히스타는 시어머니 만두가게의 마스코트 노릇을 할 만큼 얼굴이 예쁜데, 얼굴보다 더 예쁜 건 그녀의 마음씨였다.

재혼인 남편 김형기 씨를 이해하고 그의 아이까지 받아들인 것이다. 형기 씨는 고마운 마음에 아내에게 쉴 새 없이 사랑 표현을 하는데 아내의 종교와 입맛까지 챙길 정도로 세심하다. 이런 두 사람의 애정표현에 가족들은 혀를 내두를 정도다.

서히스타는 남편을 위해 생일상을 차리고 깜짝 선물을 준비하고 이들의 사랑은 더욱 깊어만 간다.

서히스타 부부는 시어머니를 모시고 우즈베키스탄 고향으로 가게 되는데 고향의 가족들은 전통 환영식으로 서히스타 일행을 반긴다. 딸 부잣집의 맏이로 태어나 엄마에게 든든한 딸이었던 서히스타는 오랜만에 엄마와 빵도 만들고 전통화장도 하며 향수를 느낀다. 하지만 딸에게 해주고 싶었던 게 따로 있었던 친정엄마. 바로 딸의 결혼식이다. 사돈이 함께해 더 뜻 깊은 자리였다. 서히스타는 마지막으로 이 모든 추억을 가족사진 속에 담는다.

이처럼 우리나라에서 생활하고 있는 이주여성들의 삶을 다룬 러브인 아시아를 보면 우리나라의 사돈댁 국가가 정말 다양해지고 있는 것을 알 수 있다.

러브인 아시아 프로그램을 보면서 바람이 있다면 이주여성의 자녀들이 외가댁 식구들과 얘기할 때 어머니 나라말인 모어(母語)로 대화하는 장면이 나오면 어떨까 제안해 본다. 러브인 아시아는 일회성 프로그램으로 끝나는 것이 아니다. 러브인 아시아에 등장한 다문화가족 자녀들의 가장 큰 장점은 이중 언어를 할 수 있다는 것이다. 러브인 아시아에 등장한 자녀들은 한국인끼리 결혼한 가정보다 외갓집이 이미 국제화로 연결되어 있다. 따라서 그들이 어떻게 성장해 나가느냐를 예측해 보는 것은 또 하나의 즐거움이라고 할 수 있다.

또 다른 바람이 있다면 단순히 이주여성의 가족이 상호 방문하는 차원을 넘어, 이주여성이 살고 있는 한국의 지역과 이주여성 친정 마을이 상호 교류를 맺고, 경제적 또는 인적 네트워크를 확대해 나가는 모델도 나오기를 기대해 본다.

대통령의 '다문화사회 선언'

2010년 7월 26일 제44차 라디오 방송에서 이명박 대통령은 '다문화사회에서 우리 국민들이 지켜나가야 할 역할'에 대해 강조했는데 매우 의미 있는 선언이었다고 생각한다.

대통령의 라디오 연설내용을 일부 요약해 보면서, 대통령의 메시지가 우리 국민들에게 전해주는 주요 시사점은 무엇인지 여섯 가지로 나누어 살펴보면 다음과 같다.

첫째는 7월 중순 결혼한 지 일주일 만에 죽은 탁 티 황 응옥 베트남 출신 가족과 베트남 정부에 사과와 위로의 말을 전했다는 사실이다.

"오늘은 우리 자신을 되돌아보게 만든 일에 대해 얘기하려 합니다. 불과 스무 살의 젊은 베트남 여성이 이곳에 시집온 지 7일 만에 뜻밖의 변을 당했습니다. 탁 티 황 응옥 씨는 결혼중개업체의 주선으로 한국인 남성을 만나 베트남 현지에서 식을 올리고 바로 입국했습니다. 그러나 정신질환이 깊은 남편의 손에 목숨을 잃고 말았습니다. '행복하게 잘 살겠다'는 그 말이 고국의 아버지와 전화로 나눈 마지막 말이라고 합니다. 슬프고 안타깝기 그지없습니다. 고인의 명복을 빌며, 유가족들에게 깊은 위로를 드립니다."

둘째는 다문화가족은 우리 사회의 보편적인 가족의 형태라고 강조했다는 점이다.

"우리나라에 오는 결혼이민자는 이미 18만 명을 넘어섰고, 그 자녀만도 12만 명이 넘었습니다. 특히 농어촌 지역에서는 혼인 남성 10명 가운데 4명이 베트남, 필리핀, 중국 등 외국 출신 신부를 맞고 있습니다. 다문화가족은 이제 우리 사회에서 흔히 볼 수 있는 가족 형태로 자리 잡았습니다. 이에 따라 우리의 인식도 성숙해져야 하지만, 아직까지는 부족한 것 같아 매우 안타깝습니다."

셋째는 결혼중개업자들에게 강력하게 반성과 개선방안을 요구했다는 점이다.

"또한 일부 중개업체들의 그릇된 인식과 관행 역시 바뀌어야 합니다. 정부는 이번 기회를 통해 개선방안을 강구하고자 합니다. 작년 10월, 캄보디아를 방문했을 때, 훈센 총리는 저에게 특별한 부탁을 했습니다. 한국에 사는 캄보디아 출신 이주여성들에 대해서 '대통령님의 며느리와 같이 생각해 달라'는 부탁이었습니다.

그동안 다문화가정에 대해 깊은 관심을 갖고 정책을 수립해왔지만, 과연, 한 사람 한 사람들이 정말 내 며느리라고 생각하면서 세심한 애정을 담았던가… 저는 돌이켜 봅니다. 훈센 총리의 이야기를 듣고, 한편 미안함을 느꼈고, 또 한편 새로운 다짐을 하는 계기가 되었습니다. 출국 시간 때문에 직접 만나지는 못했습니다만, 베트남 주재 대사를 고인의 친정집으로 보내 애도의 마음을 전하게 했습니다."

넷째는 우리 국민들도 과거에 노동자로, 이주여성으로 해외에 나간 이주민의 후손이라는 점이다.

"지난 6월 말 멕시코를 방문했을 때 현지 한인 동포들을 만날 기회가 있었습니다. 그들 중 다수는 지금부터 100여 년 전인 1905년 고국을 떠나 사탕수수농장에서 일했던 애니깽의 후손들이었습니다. 저는 고난에 찬 동포들의 역사를 들으면서 눈시울이 뜨거워졌습니다. 1960년대만 해도, 2만 명 가까운 우리 국민이 가족을 먹여 살리기 위해 광부로, 간호사로 독일에 갔습니다. 모든 것이 낯선 만리타향에서 그분들이 겪은 어려움이 얼마나 컸겠습니까. 그분들이 흘렸던 눈물은, 오늘날 우리 곁의 이주여성들과 외국인 근로자들이 흘리는 눈물과 같습니다."

다섯째는 다문화가족을 위해 자원봉사활동을 하는 사람들을 격려했다는 점이다.

"물론 우리에게 부정적인 모습만 있는 것은 아닙니다. 7년 간 독일에서 간호사를 한 박경옥 씨는 귀국해서 정년퇴직을 한 뒤에도, 아픈 외국인근로자 소식을 들으면 어디든 달려가 보살폈습니다. 오늘 우리 곁의 외국인근로자들이 바로 어제의 우리였다는 사실을, 박경옥 씨는 잘 알았던 것입니다. 외식사업을 하는 한 사회적 기업에서는 이주여성들이 각자 자신의 모국 음식을 만들어서 식당 운영에도 큰 역할을 하는 것을 보았습니다.

지난 지방선거에서는 몽골 출신 결혼이주여성인 이라 씨가, 광역의원 비례대표에 당선되기도 했습니다. 우리 사회의 당당한 일원으로 꿈을 펼쳐나가는 이주여성들이 참으로 대견합니다."

마지막으로 이질적인 문화를 융합하고 받아들이는 넓은 마음을 갖자고 강조한 것이다.

"지금 우리 사회는 역사상 한 번도 경험하지 못한, 본격적인 다문화사회가 펼쳐지고 있습니다. 역사상 번영했던 나라들은 모두 이질적인 문화를 소화하고 융합을 이뤄냈습니다. 고유한 문화와 바깥에서 들어온 문화가 섞여서 크게 융성했던 것입니다. 우리 모두가 바깥에서 들어온 문화와 사람을 잘 받아들이는 넓은 마음을 가져야 합니다."

이명박 대통령의 다문화사회 메시지를 여섯 가지로 나누어 시사점을 살펴보았는데 만약 미국의 대통령이 다문화사회에 대한 메시지를 전했다면 우리 대통령과 어떤 점이 달랐을까.

이명박 대통령이 마지막으로 "이질적인 문화를 융합하고 받아들이는 넓은 마음을 갖자."고 강조했는데 미국 대통령이었다면 이질적인 문화를 융합하고 받아들이되, 우리 사회에 적응하지 못하는 다문화가족을 위해 더 많은 자원봉사활동과 참여를 권유하지 않았을까.

또한 우리 대통령이 다섯 번째로 다문화가족을 위해 자원봉사활동을 하는 사람들을 격려했는데 미국 대통령이라면 보다 더 많은 사람들에게 자원봉사활동의 참여를 적극 권유하는 직접화법을 사용했을 것이라는 생각을 해 본다.

그러나 이명박 대통령은 한국적인 정서에 맞는 은유와 비유화법으로 간접적인 메시지를 전달했다. 비록 미국 대통령과 같이 강한 선언은 아니었다 할지라도 우리 사회가 다문화사회로 진입해 나가는 과정에서 대통령의 라디오 방송은 매우 시의 적절했다고 본다.

참고문헌

김민정 외, "국제 결혼이주여성의 딜레마와 선택: 베트남과 필리핀 아
내의 사례를 중심으로," 『한국문화인류학』 39-1, 2006.

김범수 외, 『국내다문화가족 지원을 위한 사업개발』, 평택대학교 다문
화가족센터, 2007.

김범수 편저, 『다문화사회복지론』, 양서원, 2007.

김범수, "다문화학생 남으세요. 상처 주는 말들", 중앙일보 칼럼, 2009.
08.23.

김용찬, 「외국정부와 민간단체의 다문화가족지원사업」, 2007.

김이선·김민정·한건수, 『여성 결혼 이민자의 문화적 갈등 경험과 소
통증진을 위한 정책과제』, 서울: 한국여성개발원, 2006.

김재련, "국제결혼의 문제점과 개선방안", 『학교 다문화교육의 이론과
실제』, 경기북부다문화교육센터, 2010.

김해성, 『구약성서의 '외국인 이주자' 개념과 한국 '이주자 선교'에 관한
연구』, 한신대학교 목회학박사 학위 논문, 2005.

『미주 한인 100년의 발자취』, 미주 한인 100년사 편찬위원회, 2006.

박천응, 『이주민 신학과 국경없는 마을 실천』, 안산: 국경없는 마을 출
판사, 2006

박흥순, "한국에서의 다문화주의현실과 쟁점", 국경없는 마을 학술토론
회 자료, 2007.

복기대, "한민족은 단일민족? 천만의 말씀", 주간동아(526), 동아일보사,
2006.

부천이주노동자센터 자료, 2010.

북한이탈주민후원회, 「북한이탈주민 사회적응 실태보고」, 2001.

서은주, 『다문화사회를 위한 다문화주의』, 2008.

설동훈 외, 『국내 외국인노동자 차별해소방안 연구』, 대통령자문기획
　　　원, 2004.

시사상식사전, 2010.

신기동, 「경기도 외국인노동자의 노동환경개선방안」, 경기개발연구원,
　　　2002.

_____, 「외국인고용허가제 실시의 영향과 대응방안」, 경기개발연구원,
　　　2004.

신상록소장(포천다문화가정지원센터)과의 면담, 2010.08.14.

신재은, "단기해외봉사활동의 가치와 발전방향", 한국자원봉사협의회,
　　　제4회 전국자원봉사컨퍼런스 대회 보고서, 2010.

신현웅, "신짜오(안녕하세요)" "마간당 아라오(안녕하세요)" "사왓디 카
　　　(안녕하세요)"…, 조선일보 에세이, 2010.02.20.

오동체렝(몽골) 씨와의 면담, 2010.05.29.

외환은행, 제2회 외환다문화가정대상신청자료, 2010.

윤여상, 「다문화관련정책용어 개선 토론자료」, 한국청소년정책연구원,
　　　2010.08.

이민경, 「다문화관련정책용어의 한계와 대한 모색」, 한국청소년정책연
　　　구원, 2010.08.

이선옥, 「한국에서의 다문화주의현실과 쟁점」, 국경없는 마을 학술토
　　　론회 자료, 2007.

이신애, "한국에 시집 잘 왔다고요", 한겨레21(제710호), 2008.05.16.

이주형, "다문화시대의 선진강군-전투력 강화 다양성 인정하고 존중해
　　　야", 국방부 홈페이지, 2010.

정일선, "길찾기 : 경상북도 결혼이민자 가족실태와 통합의 가능성",
　　　「다문화사회 : 아시아 여성결혼이민자의 적응과 삶: 한국, 대
　　　만, 베트남, 일본에서의 경험」, 2006.

조준모, "시장을 통한 좋은 일자리 창출을 위한 노동정책 과제", 서울:
　　　진보정치연구소, 2004.

최 협 외 엮음,『한국의 소수자, 실태와 전망』, 경기 파주: 한울 아카데
미, 2005.

최강민, "단일민족의 신화와 혼혈인",『語文論集(제35)』, 중앙어문학회,
2006.

한건수,「국내 아프리카 이주노동자의 유입과정과 실태」, 한국아프리
카학회지, Vol.21., 2005.

多文化共生キーワード사전편찬위원회, 多文化共生キーワード事典, 2006.

Kwon, Tai-Whan, *Demograpy of Korea*, Seoul: Seoul National University
Press, 1977.

Kymlicka, W., *Multicultural Citizenship*, Oxford Univ. Press, 1995.

http://h21.hani.co.kr/이신애(아리옹), 2008.
http://liveinkorea.mogef.go.kr/changelocale.do
http://www.bbbkorea.org
http://www.georeport.net
http://www.kebfoundation.org/main.asp 외환은행 나눔재단
http://www.koamhistory.com/home/bbs/tb.php/000/151
http://www.mntv.net, Migrants Network TV
http://www.samsunglove.co.kr 삼성사회봉사단
http://www.wikipedia.org
http://www.wjf.kr/broadcast/main.aspx 웅진재단 음악방송
http://www.wm1366.org

다문화사회 십계명

초판1쇄 발행일 • 2010년 9월 30일

지은이 • 김범수
펴낸이 • 이재호
펴낸곳 • 리북
등 록 • 1995년 12월 21일 제13-663호
주 소 • 서울시 마포구 솔내1길 19 서연빌딩 2층
전 화 • 02-322-6435
팩 스 • 02-322-6752
홈페이지 • www.leebook.com

정 가 • 13,000원

ISBN 978-89-87315-38-6